LUCA STEFANO CRISTINI - ENRICO RICCIARDI

BERLINO 1945
WW2 THE LAST BATTLE IN BERLIN

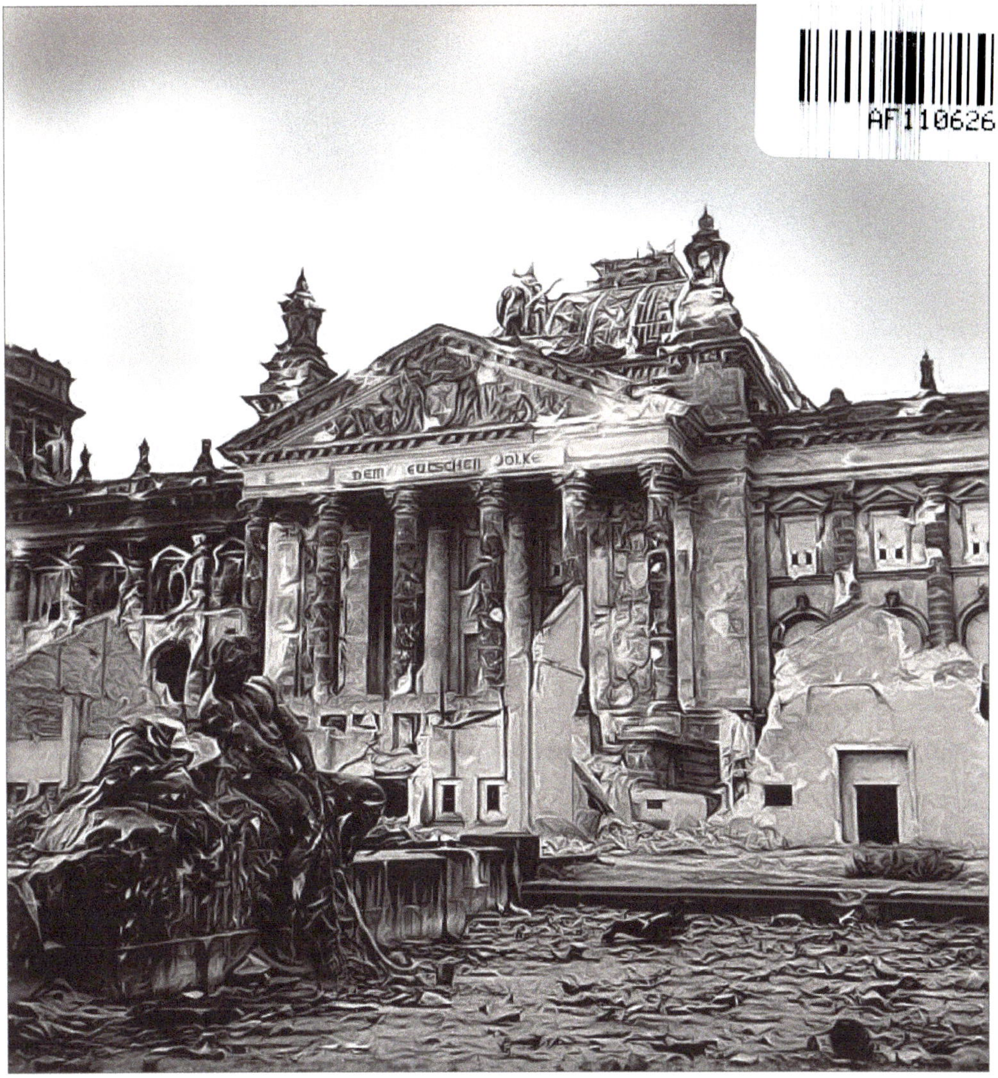

BATTLEFIELD 016

AUTORI - AUTHORS:

Luca Stefano Cristini, esperto conoscitore di guerre e storia del 600. Ha già pubblicato un importante lavoro, su due tomi, dedicato alla guerra dei 30 anni (1618-1648) il primo mai stampato in Italia sull'argomento.
Per le collane di Solidershop ha anche realizzato un lavoro sulla battaglia di Tornavento, ed insieme a Vincenzo Mistrini due libri sulle guerre turco-polacche del 600. Dirige da diversi anni riviste nazionali specializzate di carattere storico e uniformologico. Ha al suo attivo numerose collaborazioni con i principali editori di materie storiche come Albertelli, De Agostini, Mondadori (Focus) e Isomedia per varie loro pubblicazioni.

Enrico Ricciardi – E' nato nel 1965 a Cercola (NA), ai piedi del Vesuvio. Ha vissuto a Napoli dove si è laureato. Medico, oggi vive a Pistoia. Interessato da sempre alla storia militare e al modellismo, realizza con particolare tecnica, tavole uniformologiche e ricostruzioni di battaglie in 3D per diverse riviste e monografie sia italiane che estere.

BATTLEFIELD

BattleField, è la collana che analizza i campi di battaglia dal punto di vista "oggi e allora" Offrendo prospettive inedite ed interessanti per lo studio degli scontri principali della storia attraverso armi, uniformi e mappe storiche di eserciti e soldati impegnate nelle più famose campagne militari. La collana è definita da una linea di colore rosso sulla copertina.

NOTE AI LETTORI - PUBLISHING NOTE

Tutto il contenuto dei nostri libri, in qualsiasi forma prodotti (cartacei, elettronici o altro) è copyright Soldiershop.com. I diritti di traduzione, riproduzione, memorizzazione con qualsiasi mezzo, digitale, fotografico, fotocopie ecc. sono riservati per tutti i Paesi. Nessuna delle immagini presenti nei nostri libri può essere riprodotta senza il permesso scritto di Soldiershop. com. L'Editore rimane a disposizione degli eventuali aventi diritto per tutte le fonti iconografiche dubbie o non identificate. I marchi Soldiershop Publishing @, e i nomi delle nostre collane - Soldiers&Weapons, Battlefield e War in Colour sono di proprietà di Soldiershop.com; di conseguenza qualsiasi uso esterno non è consentito.

None of images or text of our book may be reproduced in any format without the expressed written permission of Soldiershop.com. The publisher remains to disposition of the possible having right for all the doubtful sources images or not identifies. Our trademark: Soldiershop Publishing @, The names of our series: Soldiers&Weapons, Battlefield, War in colour, PaperSoldiers, Soldiershop e-book etc. are herein @ by Soldiershop.com.

LICENSES COMMONS

This book may utilize part of material marked with license creative commons 3.0 or 4.0 (CC BY 4.0), (CC BY-ND 4.0), (CC BY-SA 4.0) or (CC0 1.0). We give appropriate attribution credit and indicate if change were made in the acknowledgements field. All our Soldiershop books utilize only fonts licensed under the SIL Open Font License or other free use license.

ACKNOWLEDGEMENTS

A Special Thanks to the managers of our publish serie *Italia Storica* for the free use of same text used in this Book, and at all the several institution, museum, library, bibliotecks, public or private collection & athenaeums that with their positive copyright policy about part of his collections, allows us the use of many images present in our books. We remember same of this great World Institutions: Deutsche Bundesarchiv (for about all the photo presented in this book!) , New York Public Library, Rara CH, Heidelberg Biblioteck University, US Library of Congress, Riikmuseum of Amsterdam, Dusseldorf University Library, Polona Library, Herzog August Bibliothek of Wolfenbüttel, Stuttgart Bibliothek, Frankfurt am Main Universitätsbibliothek, Metropolitan Museum, Europeana, Wikipedia, and many others...

A mio padre Amilcare!

ISBN: 9788893272711 Prima edizione: Settembre 2017

Title: Battlefield 016- **BERLINO 1945 - WW2 the last battle *in Berlin***
Di Luca Stefano Cristini. Tavole di Enrico Ricciardi. Editor: Soldiershop publishing. Cover & Art Design: Luca S. Cristini. Re-coloration of WW2 photo by Anna Cristini

In copertina : I vecchi e i ragazzi del popolo tedesco chiamati a difendere quel che resta del Terzo Reich....

PREFAZIONE

Un piano coerente e completo per la difesa di Berlino non venne in realtà mai preparato: tutto ciò che esisteva era la ferrea determinazione di Hitler di difendere la capitale del Reich. Le circostanze erano tali che lui non si preoccupò della difesa della città fino a quando non fu troppo tardi per ogni sorta di pianificazione avanzata. Pertanto la difesa della città fu caratterizzata da una massiccia improvvisazione. Queste rivelarono uno stato di confusione totale, in cui la pressione del nemico, combinata con il caos organizzativo da parte tedesca e la catastrofica carenza di risorse – sia umane che materiali – per la difesa di Berlino, provocarono infine un enorme disastro.

Generale Franz Halder

La battaglia di Berlino ha segnato la fine della seconda guerra mondiale in Europa. Questa, insieme alla battaglia d'Inghilterra, a quella di El Alamein, Stalingrado e allo sbarco in Normandia, fu di vitale importanza nel settore europeo. Combattuto tra l'aprile e il maggio 1945 questo epico scontro fu vinto da preponderanti forze russe e portò al collasso del Terzo Reich di Hitler con la conseguente occupazione della città da parte dell'Armata Rossa prima che la città fosse divisa in quattro settori affidati rispettivamente alle potenze vincitrici. La quantità di mezzi messa a disposizione dell'armata rossa per questa definitiva battaglia fu talmente enorme da non poter neanche immaginare.

All'inizio dell'operazione, con i sovietici sulla linea dell'Oder il rapporto di forze nello scacchiere che coinvolgeva la capitale del terzo reich era il seguente: Esercito tedesco circa 600.000 uomini con 8230 cannoni, 700 carri armati e 1.300 aerei. Questi dovevano fronteggiare l'armata rossa composta da: 1.700.000 uomini, 28.00 pezzi d'artiglieria, 3.300 carri armati e circa 10.000 aerei!

Quando i russi giunsero a Berlino questi numeri videro un notevole aumento su entrambi i fronti. La paura dei russi a Berlino era tale che sia giovani che gli anziani tedeschi vennero messi in prima linea. La propaganda nazista aveva demonizzato i russi e molti berlinesi vedevano la prossima battaglia semplicemente come una lotta per la vita e la morte. Diverse decine di migliaia dei difensori di Berlino provenivano dalla Hitler Jugend o dagli anziani inquadrati nella Volkssturm. Per la battaglia finale di Berlino, entrambe le parti raccolsero quanto segue: Esercito tedesco un milione di uomini con 10.400 cannoni, 1.500 carri armati e 3.300 aerei che dovettero fronteggiare l'esercito russo formato da 2.500.000 soldati, 42.000 cannoni, 6.300 carri armati e 7.500 aerei!

Stalin aveva ordinato ai suoi due principali generali leader: Zhukov e Konev - di correre verso la capitale tedesca. Con l'enorme vantaggio materiale e militare che i russi avevano accumulato, il raggiungimento di Berlino fu relativamente facile in quanto i tedeschi si ritiravano costantemente, Tuttavia, sia Zhukov che Konev e Bersarin sapevano che la battaglia per la città reale sarebbe molto dura. Nonostante l'evidente situazione disperata, Hitler progettava di dirigere la difesa della città chiamando in aiuto la tredicesima armata tedesca ritirata per questo dal fronte occidentale. Questa differenza numerica poteva anche contare poco nel caos delle strade ingombre di macerie della capitale tedesca, con i difensori, tantissimi dei quali armati del rudimentale ma efficacissimo panzerfaust, un'arma anticarro che si dimostro alquanto valida. I russi quindi avanzarono semplicemente distruggendo un quartiere dopo l'altro, casa dopo casa. Un repulisti violento ma estremamente valido per piegare i tedeschi che non potevano resistere per troppo tempo. Tuttavia la conquista della città costò ai russi oltre 80.000 caduti e 280.00 feriti o dispersi, 2.000 carri, 2.00 pezzi d'artiglieria e circa un migliaio di aerei. Le perdite tedesche esatte non si seppero mai, tuttavia si stima che almeno mezzo milione di uomini, perirono (150.000) o risultarono feriti nel corso della battaglia. Si discute ancora del perché Stalin volle arrivare a tutti i costi per primo nella capitale tedesca, e per contro dei motivi che invece fermarono gli alleati occidentali alle porte della stessa. Gli Alleati occidentali per la verità avevano dei piani abbozzati per il lancio di truppe paracadutate che prendessero la città, ma decisero poi di non farne nulla. Il generale Eisenhower non voleva caricarsi delle innumerevoli perdite per prendere una città che sarebbe comunque ricaduta nella sfera d'influenza sovietica alla fine della guerra in base ai recenti accordi di Yalta. Inoltre il piano era irrealistico in termini di numero di soldati e di quantità di rifornimenti necessari per l'operazione.

Questa corsa disperata comportò notevoli perdite all'armata rossa. Zhukov segnalò la cosa ma non fu ascoltato. Continuare l'offensiva canonica, sosteneva il maresciallo, avrebbe preservato moltissime vite all'esercito russo e avrebbe ottenuto gli stessi risultai con pochi giorni di ritardo.

Una tesi suggestiva indica che la fretta di Stalin era motivata dai rapporti della sua polizia segreta in merito all'Istituto Kaiser Wilhelm di Berlino, che era il centro del programma di ricerca nucleare della Germania. Si credeva che l'Istituto contenesse importanti materiali di ricerca che avrebbero rafforzato il programma nucleare russo. L'Istituto aveva anche un generatore a cascata che Stalin riteneva vitale per tutti gli eventuali futuri sviluppi in Russia. Un po' la stessa cosa che fecero gli americani allorché catturarono tutte le migliori menti di Peenemünde fra cui Werner Von Braun!

Luca Stefano Cristini

◄ ▲ Berlino com'era e come doveva diventare. A sinistra una veduta oleografica dei primi del 900 del famoso viale Unter der Linden in tutto il suo splendore guglielmino. Qui sopra invece la futuribile Berlino progettata da Albert Speer su precise indicazioni di Adolf Hitler, architetto mancato....

Berlin how it was and how it was supposed to become. On the left is a photo of the early 900 of the famous Unter der Linden boulevard in all its glittering splendor. Here above the futuristic Berlin designed by Albert Speer on precise directions of Adolf Hitler, missing architect ..

INDICE:

Prefazione .... Pag. 3
1 - La battaglia di Berlino .... Pag. 7
2 - Le strutture difensive di Berlino .... Pag. 27
3 - Le posizioni individuali .... Pag. 29
4 - Piani per la demolizione .... Pag. 37
5 - La pianificazione per le forze difensive .... Pag. 39
6 - I rifornimenti .... Pag. 51
Appendici: i combattimenti a Berlino .... Pag. 55
Appendice: La Cronologia .... pag. 67
Appendice: Ordini di battaglia .... Pag. 73
Appendice Fotografica .... Pag. 87
Bibliografia .... Pag. 95

1 - LA BATTAGLIA DI BERLINO
ANTEFATTI

All'inizio del 1945 il Fronte Orientale si era mantenuto relativamente stabile fin dall'agosto 1944, dopo l'esito dell'Operazione *Bagration*. I tedeschi persero i loro storici alleati del sud-est: Ungheria. Romania e Bulgaria vennero costrette alla resa finendo nella sfera di influenza sovietica in cui vi sarebbero restate per cinquanta anni. Inoltre queste stesse nazioni dovettero dichiarare guerra alla Germania, loro precedente alleata. La pianura polacca si apriva ora di fronte all'Armata Rossa sovietica. Questa entrò in Varsavia nel gennaio 1945. Subito dopo l'Armata Rossa cominciò una rapida offensiva, spostandosi ad una velocità di 30/40 km al giorno, prendendo di infilata gli stati baltici, Danzica, la Prussia Orientale, Poznań, e schierandosi alla fine su una linea posta a circa sessanta chilometri ad est di Berlino, lungo il fiume Oder, concentrandosi nell'area ristretta di fronte alle Alture Seelow. I tedeschi tentarono un po' ovunque dei disperati contrattacchi, specialmente con il cosiddetto Gruppo d'armate Vistola, sotto il comando di Heinrich Himmler, ma essi fallirono tutti quanti, e i russi penetrarono in Pomerania buttando teste di ponte sulla riva destra dell'Oder.

Intanto a sud, altri tentativi tedeschi di liberare l'accerchiata Budapest fallirono e la città cadde definitivamente in mano ai sovietici il 13 febbraio. Ancora una volta i tedeschi contrattaccarono: Hitler insisteva infatti sull'impresa impossibile di riconquistare il bacino del Danubio. Ma di nuovo

▲ Il comandante la 260a Inf Divisione tenente generale Hans Schmidt terzo da sinistra insieme al comandante del 33° Armeekorps il generale Gotthard Heinrici (quarto a sinistra) osservano un carro armato sovietico T-34
The German generals Hans Schmidt and Gotthard Heinrici observe a Russian T-34 thank.

◄ L'immagine della disfatta: un soldato tedesco ucciso sulla porta del suo panzer. Aprile 1945 Berlino
The image of the defeat, a German soldier killed on the door of his panzer. April 1945 Berlin

▲ Aprile 1945, un soldato della Volkssturm, la milizia composta da uomini anziani, armato con un Panzerschreck sul fronte dell'Oder, qualche decina di chilometri a est di Berlino
April 1945 a member of the Volkssturm, the German home defence militia, armed with Panzerschreck, outside Berlin

▶ Altri attempati componenti della disperata milizia messa insieme da Goebbels per frenare l'ultimo assalto russo, posti a difesa del grande fiume, ultimo baluardo difensivo di un certo spessore prima della capitale.
Volkssturm defending the Oder River, February-March 1945.

senza successo, anche a causa dell'evidente sproporzione di forze impegnate. Per conseguenza l'Armata Rossa passò al contrattacco il giorno stesso. Il 30 marzo i russi entrarono in Austria catturando Vienna il 13 aprile.

La gravissima carenza di carburante, riduceva il potenziale già enormemente intaccato dei mezzi militari validi in mano tedesca. La produzione di aerei da caccia e di carri armati era oramai in caduta libera, e persino la tradizionale qualità, a parte rari casi come gli aerei a reazione, era molto inferiore a quella del 1944. La sconfitta tedesca era solo questione di poche settimane, tuttavia l'esercito tedesco, per tradizione, carattere e volontà combatté fino all'ultimo. Adolf Hitler e parte dei suoi ministri decisero intanto di rimanere nella capitale. Si era sviluppata nel capo, ma anche in alcuni dei suoi l'illusione del *miracolo prussiano*, così chiamato in memoria di quanto accadde, durante il XVIII secolo a Federico II di Prussia "il Grande", che era riuscito a salvarsi dalla completa sconfitta nella Guerra dei Sette Anni solo perché i suoi nemici (ed in particolare la Russia) avevano iniziato ad ostacolarsi a vicenda ed erano usciti dall'alleanza. La risultante era che nel bunker della cancelleria, vigeva un totale scollegamento dalla realtà: la guerra era persa da mesi se non da anni, ma ci si ostinava da un lato a credere ad una vittoria impossibile, dall'altro a pensare che il Reich dovesse finire in una sorta di autodistruttivo crepuscolo degli dei wagneriano. Un vertice politico-militare completamente incurante delle perdite civili e militari.

LA BATTAGLIA DELLE ALTURE DI SEELOW

Il 9 aprile 1945 capitolò anche Königsberg, antica e gloriosa capitale della Prussia Orientale. Questo evento lasciò libero il 2° Fronte Bielorusso del maresciallo Konstantin Rokossovskij di spostarsi ad ovest, sulla sponda orientale del fiume Oder. Durante le prime due settimane di aprile i russi eseguirono il loro più rapido ridispiegamento della guerra. Il maresciallo Georgij Žukov concentrò il suo 1° Fronte Bielorusso, che era stato schierato lungo l'Oder, da Francoforte fino al Mar Baltico, nell'area ristretta di fronte alle Alture Seelow. Il 2° Fronte bielorusso si spostò intanto nelle posizioni lasciate libere dal 1° Fronte bielorusso a nord delle Alture Seelow. Mentre questo ridispiegamento era in atto si aprirono dei varchi nelle linee e i resti della IIa Armata Tedesca, che erano rimasti intrappolati in una sacca nei pressi di Danzica, trovarono la via di fuga ri-attraversando l'Oder.

A sud il maresciallo Ivan Konev trasferì il peso principale del 1° Fronte Ucraino fuori dell'Alta Slesia e raggruppò le sue forze a nord-ovest del fiume Neisse. I tre fronti sovietici contavano complessivamente 2,5 milioni di uomini (compresi 78.556 soldati della I Armata Polacca), 6.250 carri armati, 7.500 aerei, 41.600 pezzi di artiglieria e mortai, 3.255 lanciarazzi multipli Katyusha (i famosi organi di Stalin) montati su camion e 95.383 veicoli a motore, molti dei quali di fabbricazione statunitense.

Da parte tedesca intanto vi era stato un cambio al vertice del gruppo di armate poste a difesa.

Il generale Gotthard Heinrici prese il posto di Himmler come comandante del Gruppo d'armate Vistola il 20 marzo. Egli era uno dei migliori tattici difensivi dell'esercito tedesco ed iniziò immediatamente a stendere dei piani operativi assai efficaci. Heinrici stimò correttamente che la principale spinta sovietica sarebbe avvenuta attraverso l'Oder e lungo la principale autostrada in direzione est-ovest. Egli decise allora di cercare di difendere le sponde dell'Oder con pochissime mimetizzate truppe confondendo il nemico in merito al loro reale numero. Mentre lasci che i suoi genieri fortificassero le

Alture Seelow, un bastione naturale strategicamente ben impostato per la difesa, che sovrastava l'Oder nel punto in cui l'autostrada lo attraversava. Heinrici con studiata astuzia sottrasse truppe in altre aree meno esposte per aumentare al massimo il numero di uomini disponibili per difendere le alture.

Nel frattempo i genieri dell'esercito tedesco trasformarono in una palude la piana alluvionale dell'Oder, già saturata dalle piogge primaverili, liberando l'acqua di una riserva a monte. Dietro a questa palude costruirono ben tre cinture difensive che arrivavano fino ai sobborghi di Berlino. Queste linee consistevano di buche anti-carro, postazioni per cannoni anti-carro ed un'estesa rete di trincee e bunker. Una linea difensiva micidiale!

All'alba del 16 aprile si scatenò l'inferno. Ebbe infatti inizio uno dei più massicci bombardamenti dell'intera guerra da parte di migliaia di pezzi di artiglieria e di razzi Katyusha. Il fuoco sovietico vomitato sulle linee tedesche fu impressionante. Si disse che i sovietici avessero schierato chilometri di cannoni posti ad una distanza di 5 metri uno dall'altro. Esso fu seguito infatti da quasi 7.000 cannoni con quasi 10.000 di munizioni a disposizione munizioni ammassate attorno ai cannoni! Cessato il rombo delle cannonate, fu la volta degli Sturmovik: circa duemilacinquecento aerei bombardieri sovietici effettuarono la più massiccia

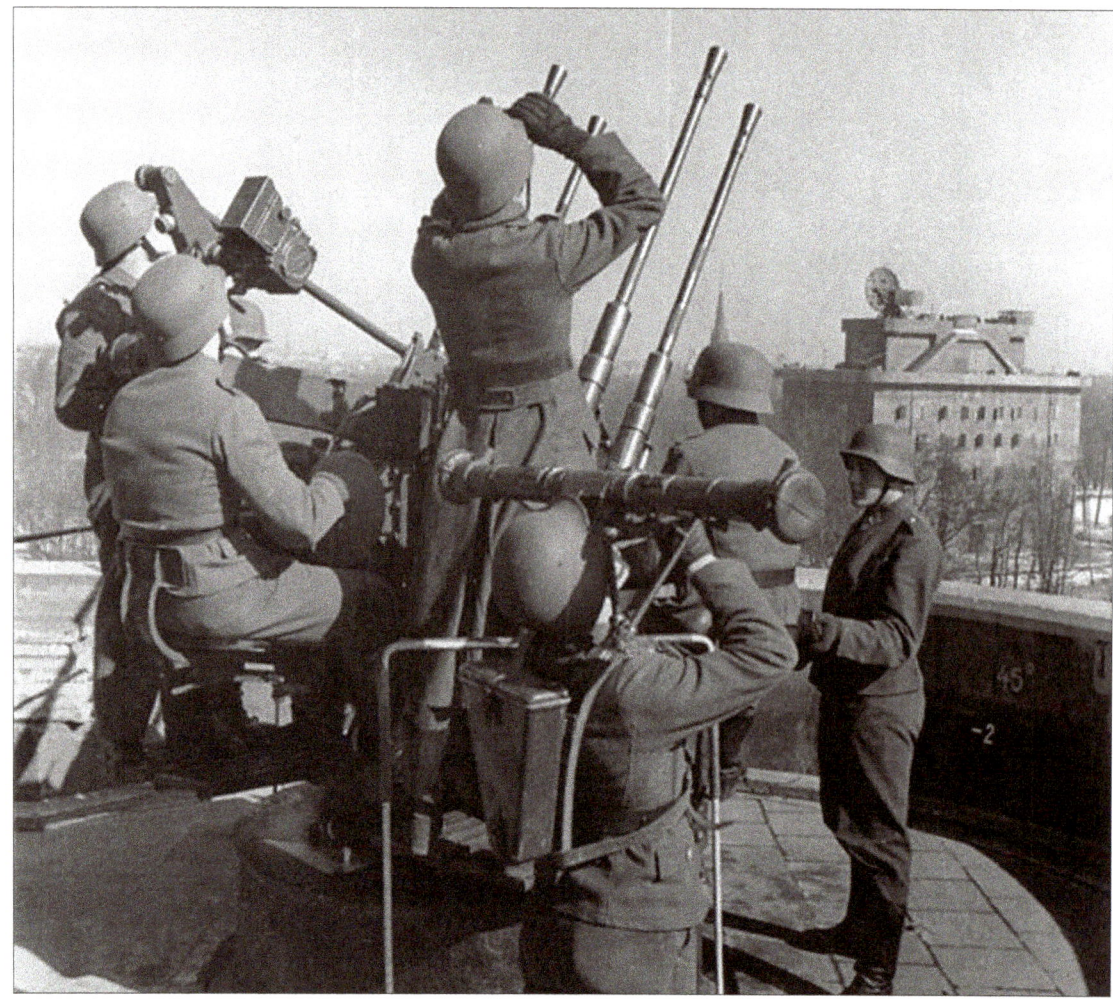

▲ Berlino 1945, postazione antiaerea dislocata su una delle grandi torri in cemento armato (*Flakturm*), realizzate per contrastare i sempre più massicci bombardamenti aerei della capitale tedesca.
Anti-aircraft battery on one of the great Flakturm, designed to fight the increasingly massive allied air bombings of the German capital.

incursione sulle alture e su Berlino condotta dall'inizio della guerra. Verso le 4,30 finalmente l'Armata Rossa si mise in moto: il 1° Bielorusso attaccò dalla testa di ponte di Küstrin attraverso l'Oder, sotto una pioggia battente, mentre il 1° Ucraino attaccò a sud attraverso il fiume Neisse. Il corpo bielorusso era assai più forte e consistente ma ebbe un compito assai più arduo in quanto dovette fronteggiare il grosso delle agguerrite formazioni tedesche. Queste nonostante l'impressionante bombardamento risposero colpo si colpo rigettando con enormi perdite l'assalto russo. Il generale Heinrici anticipò l'attacco sovietico ritirando i suoi difensori dalla prima linea di trincee prima che l'artiglieria sovietica la prendesse a cannonate risparmiandoli astutamente. Inoltre la luce di 143 riflettori antiaerei russi portati in zona operativa allo scopo di stordire e accecare, i difensori tedeschi, diffusa nella foschia del primo mattino, finì invece col rilevare lo skyline dei profili proprio delle formazioni sovietiche impegnate nell'assalto. Il terreno paludoso, ulteriormente allagato dal genio tedesco fece il resto rivelandosi un grosso ostacolo ed in quella situazione il preciso e micidiale fuoco di contro-sbarramento tedesco aprì enormi varchi fra le forze sovietiche. L'opposizione incontrata sulle alture di Seelow fu alla fine talmente efficace che, ad onta di un'enorme superiorità numerica a vantaggio dei russi, la loro avanzata si limitava in certi tratti a soli tre chilometri.

Frustrato dalla lenta avanzata, Zhukov lanciò quindi in campo tutte le sue riserve, che nei piani originari dovevano essere risparmiate per sfruttare l'atteso sfondamento. A sud intanto, l'attacco delle armate ucraine dovendo far contro ostacoli assai meno tenaci ebbe facilmente la meglio.

Zhukov fu costretto a comunicare a Stalin l'insuccesso incontrato nella Battaglia delle Alture Seelow. Il dittatore sovietico ne approfittò per spronare Zhukov comunicandogli che avrebbe dato a Konev il permesso di guidare le sue armate di carri verso Berlino, facendo così leva sulla rivalità esistente fra i suoi due migliori marescialli.

Il 17 aprile si aprì con un sostanziale nulla di fatto. I russi trascorsero la giornata a leccarsi le ferite e a cercare di riorganizzare un nuovo attacco che potesse avere maggiore successo. Tuttavia la sostanziale vittoria del fronte ucraino a sud, si rivelò alla fine la chiave per scardinare l'intero poderoso sistema difensivo tedesco. Infatti in quello scacchiere meridionale, il gruppo di armate guidate dal Generale Ferdinand Schorner non si stava rivelando un ostacolo insormontabile. La IVa Armata Panzer posta sul fianco destro del suo schieramento, fu respinta sotto il peso dell'attacco delle forze russe. Schorner preoccupato di questo cedimento, si tenne le sue due divisioni panzer di riserva a sud, a copertura del suo centro, cessando nei fatti di sostenere il fianco alla IVa Armata corazzata. Questo fu il punto di svolta della battaglia, perché questa ricollocazione mise a nudo le deficienze della linea difensiva tedesca già pesantemente sotto pressione.

Konev ne approfittò immediatamente lanciandosi sulle povere difese di Schorner.

Queste imminente cedimento del fronte a sud delle Alture Seelow, stavano mettendo in difficoltà la fin lì brillante difesa di Heinrici.

Il 18 aprile quindi vide entrambi i Fronti sovietici tentare il colpo di maglio, ma l'ostinazione e l'efficacia delle forze tedesche produsse nelle fila sovietiche perdite ancora sostanziali. Tuttavia la cortina difensiva iniziava lentamente a cedere, a tarda sera le truppe di Zhukov raggiunsero la terza e ultima linea difensiva, mentre a sud Konev dilagava fra le brecce del fronte avversario.

Il rischio di accerchiamento era ora altissimo. La tenaglia si stava paurosamente stringendo.

La consapevolezza che nella migliore delle ipotesi a breve nient'altro che formazioni tedesche in rotta si potessero frapporre tra i russi e Berlino fece gelare il sangue ai responsabili dello stato maggiore tedesco.

Consapevole del rischio di rimanere intrappolato, il 20 aprile (cinquantaseiesimo compleanno di Hitler) Heinrici annunciò che la IXa armata non avrebbe potuto reggere oltre e chiese pertanto il permesso di farla ripiegare prima che fosse troppo tardi: *"Se la IX armata non ripiega immediatamente, essa sarà completamente travolta".*

Ma la sua richiesta cadde nel vuoto: il Führer, gli dissero, al momento era occupato a presenziare un ricevimento in suo onore. Quando l'autorizzazione a ritirarsi gli fu finalmente concessa, alle 14:50, la IXa armata era ormai quasi completamente accerchiata e a parte qualche miracolo non gli sarebbe rimasto altro che la resa totale.

Il 19 aprile, il fronte tedesco orientale con l'eccezione di alcune modeste sacche di resistenza aveva in pratica cessato di esistere. Il prezzo per le forze sovietiche sulle alture Seelow fu molto elevato. Nell'offensiva essi avevano perso quasi 3.000 carri armati, soprattutto ad opera delle nuove micidiali armi anticarro tedesche (PaK 40 e Panzerfaust). Durante lo stesso periodo gli Alleati ad ovest ne avevano persi poco più di 1.000, affrontando, d'altra parte, forze tedesche meno consistenti. Tutto ciò però non spostava di un mm lo svantaggio strategico nel quale l'ormai esausta Wehrmacht versava.

"Dunque chi prende Berlino? Noi o gli alleati? (Stalin)...Saremo noi a prendere Berlino e la prenderemo prima degli alleati (maresciallo Ivan Konev)... "
(Colloquio tra Stalin e i suoi generali il 1° aprile 1945)

IL CERCHIO SI CHIUDE SU BERLINO – LA BATTAGLIA ARRIVA IN PERIFERIA

Il 20 aprile l'artiglieria russa del 1° fronte Bielorusso si posizionò nell'immediata periferia della capitale del Reich e diede inizio ad un interminabile bombardamento della città, che sarebbe terminato solo con la resa della sua guarnigione quasi due settimane dopo, il 2 maggio. Alla fine della guerra i russi comunicarono di avere esploso più colpi di qualsiasi altro bombardamento alleato complessivo su Berlino nel corso dell'intera guerra.

▲ Innumerevoli batterie d'artiglieria sovietiche bombardarono incessantemente Berlino dalla estrema periferia della città.
Many Soviet artillery batteries continually bombarded Berlin from the extreme periphery of the city.

Battaglia di Berlino
fase: 16-25 aprile 1945

Il 21 aprile la IIa Armata Guardie avanzò di quasi 50 km a nord di Berlino e quindi attaccò a sud-ovest di Werneuchen. Altre unità sovietiche raggiunsero l'anello di difesa più esterno.

Il piano sovietico era di accerchiare prima Berlino e poi i resti della IXa Armata tedesca di Heinrici. Mentre le armate del corpo ucraino partendo dalle proprie basi più a sud si facevano largo fra le ultime sacche rimaste del Gruppo d'armate Centro tedesche passando a nord di Juterbog.

A nord, tra Stettino e Schwedt il 2° fronte bielorusso attaccava il fianco nord del Gruppo d'armate Vistola, tenuto dalla IIIa Armata Panzer. A complicare le cose furono alcuni degli ultimi ordini arrivati direttamente da Hitler, che una volta di più palesava in modo chiaro la sua di fatto completa estraneità alla realtà dei fatti. Il dittatore nazista paventava infatti una gigantesca manovra a tenaglia allo scopo di circondare e distruggere le armate sovietiche "finite" nella sacca. All'operazione avrebbero dovuto partecipare i resti della IXa armata con la IVa armata panzer ed il III° SS-Panzerkorps del tenente-generale Felix Steiner, che avanzava da nord di Berlino. Lo stesso generale Steiner mise subito in chiaro che non disponeva neanche lontanamente delle divisioni necessarie per una simile azione. Per quanto riguarda l'altro braccio della tenaglia, quello della IXa armata, il generale Heinrici a sua volta disse chiaramente allo staff di Hitler che non solo quella era un idea bislacca, ma anche che se il corpo sotto

I GENERALI DI BERLINO
Generaloberst Gotthard Heinrici

Nato il 25 dicembre 1886 a Gumbinnen in Prussia Orientale e morto il 13 dicembre 1971 ad Endersbach bei Waiblingen nel Württemberg. Nel febbraio del 1945 il *Generaloberst* Heinrici, resistendo all'attacco in grande stile dei sovietici, mantenne il possesso tedesco dell'ultimo giacimento di carbone ancora intatto a Mährisch Ostrau. Il 3 marzo 1945, gli furono infine conferite le *Schwerter* in riconoscimento delle sue doti di comando. Poco tempo divenne *Obebefelshaber* dell'*Heeresgruppe Weichsel*. Il 29 aprile 1945, avvenne il famoso diverbio di Heinrici con il *Generalfeldmarschall* Keitel. Heinrici aveva ormai maturato la convinzione che i suoi uomini, esausti e quasi senza munizioni, non potessero più essere impiegati in battaglia, suscitando le ire di Keitel che vedeva quindi non messe in pratica le disposizioni stabilite. Heinrici condusse quindi i resti del suo *Heeresgruppe* verso ovest, in modo da arrendersi agli Alleati, salvando i suoi uomini dai *GuLag* sovietici. Catturato l'otto maggio 1945 dagli inglesi, fu rilasciato nel 1948. Famosa è la sua "ultima battaglia", la difesa delle alture di Seelow, estremo bastione davanti a Berlino:

Il 15 aprile la tensione sul fronte dell'Oder si era fatta quasi intollerabile. Heinrici aveva approntato meticolosamente i suoi piani difensivi, schierando le sue scarse risorse nel modo più vantaggioso possibile. Dato che le sue forze erano dieci volte inferiori a quelle del nemico, faceva assegnamento su informazioni accurate e sulla capacitá di previsione, in modo da poter concentrare le forze di cui disponeva nei punti giusti al momento giusto. Ma queste forze erano penosamente scarse, se paragonate a quelle sovietiche che aveva di fronte. I tre Fronti sovietici di circa due milioni e mezzo di uomini avevano 41.600 cannoni e mortai, 6.250 carri armati e cannoni semoventi, piú di 1.000 lanciarazzi multipli e 7.500 aerei.

Il solo Primo Fronte bielorusso aveva ammassato una riserva di 7.147.000 granate. L'*Heeresgruppe Weichsel*, invece, aveva al massimo 250 mila uomini male armati piú circa 850 carri armati, 500 Batterie antiaeree impiegate come artiglieria e 300 aerei praticamente privi di carburante. (Nel settore di Seelow, in particolare, si fronteggiarono 1.000.000 di soldati del Primo Fronte bielorusso, con 3.155 carri armati e 16.934 pezzi d'artiglieria, contro i 100.000 tedeschi della 9. *Armee* con 512 corazzati e 800 tra pezzi d'artiglieria e cannoni della *FlAK*) Per superare il primo colpo dirompente, Heinrici aveva elaborato una tecnica estremamente efficace, la cui riuscita, peró, dipendeva totalmente dalla capacitá di prevedere esattamente quando sarebbe stato inferto il colpo. Sapendo che i sovietici facevano sempre precedere i loro attacchi da un massiccio bombardamento di artiglieria per annientare le truppe della prima linea difensiva, avrebbe fatto uscire tutti i suoi uomini dalle loro posizioni avanzate poco prima dell'inizio dello sbarramento. Le bombe sarebbero piovute su trincee quasi vuote, mentre i soldati si sarebbero piazzati al sicuro nella principale linea difensiva, pronti a opporsi al grosso della forza d'urto. Era proprio ció su cui Chuikov e alcuni degli altri Generali avevano cercato di mettere in guardia Žukov durante i loro giochi di simulazione. Žhukov si era rifiutato di dar loro retta [...] Heinrici poté rimettersi al lavoro per cercare di prevedere i tempi dell'attacco sovietico. Per il resto del pomeriggio e le prime ore della sera studió ogni dettaglio degli ultimi rapporti dei servizi di informazioni, analizzó le possibilitá con il suo Stato Maggiore e parló al telefono con i comandanti sul campo. Camminava su e giú per l'ufficio, le mani dietro la schiena, la testa china per concentrarsi, tentando di mettersi nei panni di Žukov. Poco dopo le otto di sera si arrestò e sollevó la testa. A uno dei suoi Aiutanti sembró che "avesse di colpo fiutato il pericolo". "Credo che l'attacco avrà luogo nelle prime ore di domani" disse.

Si rivolse al suo Capo di Stato Maggiore e dettò un ordine da inviare immediatamente a Busse alla *9. Armee*: "Indietreggiare e prendere posizione sulla seconda linea di difesa". [...] [Dopo che l'attacco russo fu effettivamente iniziato all'ora prevista da Heinrici, e che l'intenso sbarramento sovietico era quindi caduto su di una prima linea tedesca sguarnita di truppe, precedentemente ritirate, NdA] Il piano di Heinrici aveva funzionato perfettamente. Era riuscito a mantenere integri i suoi cannoni e carri armati e gran parte dei suoi effettivi, e aveva attirato il nemico nella sua trappola. Le alture erano presidiate dal *56. Panzerkorps*, una formazione celebre che peró somigliava ben poco a ció che era stata in passato. Adesso era composto dalla *9. Fallschirm-Division* e dalla raccogliticcia *20. Panzergrenadier-Division*, con la decimata *Panzer-Division "Müncheberg"* di riserva.

Ma il suo comandante era un militare duro ed esperto, il pluridecorato *Generalleutnant* Helmuth Weidling, un uomo di sessantanni dal viso torvo, che aveva un monocolo senza montatura incastrato nell'orbita dell'occhio destro. Noto tra gli amici come "Karl il distruttore", Weidling era arrivato in aereo dalla Prussia Orientale solo da qualche giorno per assumere il comando del Corpo ricostituito. [...] Quando spuntó l'alba il cielo si schiarì promettendo una luminosa giornata di primavera. Attraverso la polvere che si stava rapidamente depositando, gli artiglieri di Weidling, piazzati al sicuro sulle Alture di Seelow, potevano vedere le forze sovietiche che affollavano le strade in basso e aprirono il fuoco con tutto ciò che avevano contro i mezzi per il trasporto delle truppe, i carri armati e i cannoni stipati gli uni accanto agli altri. Heinrici aveva stabilito che il terreno da bersagliare era l'ultimo chilometro e mezzo tra il canale Haupt-Graben e i piedi della scarpata, e Weidling aveva trincerato le vedette dell'artiglieria, le unità di fanteria, i carri armati e i cannoni lungo l'intera linea delle alture. Il grosso dell'artiglieria era nascosto nelle gole, mentre le armi anticarro, tra cui i pezzi da 88 mm, coprivano tutte le possibili vie di ascesa al pendio. [...] Il canale arrestó definitivamente il languente assalto sovietico. "Le piene di primavera ne avevano fatto una barriera invalicabile per i nostri carri e cannoni semoventi" avrebbe scritto in seguito Čuikov. «I pochi ponti della zona erano sotto il fuoco dell'artiglieria e dei mortai nemici da dietro le Alture di Seelow e dei carri armati e cannoni semoventi trincerati, tutti ben mimetizzati". [...] Quando caló l'oscurità Heinrici ritornó al suo posto di comando. Aveva trascorso gran parte della giornata viaggiando da un Quartier Generale all'altro lungo tutto il fronte, un percorso ostacolato da masse di profughi che affollavano le strade e impedivano il movimento di truppe e di veicoli blindati.

Era stata una giornata di scontri selvaggi, con perdite terribili da entrambe le parti, ma gli uomini della *9. Armee* potevano dirsi orgogliosi di essere riusciti a trattenere l'immensa marea rossa. Il *56. Panzerkorps* di Weidling aveva messo fuori combattimento 150 carri armati e 132 aerei sovietici e aveva trasformato l'attacco di Čuikov e l'avanzata di Katukov con la *Prima Armata corazzata della guardia* [Žukov impiegò anche le sue riserve di 1.377 carri armati e semoventi, NdA] in un caos confuso e sanguinoso. Le Armate sovietiche sui due fianchi di Chuikov avevano fatto poco meglio, tanto che i tedeschi avevano riconquistato alcune posizioni sul margine meridionale delle alture e intorno a Francoforte. Era stato un giorno disastroso per Žukov, ma Heinrici non si faceva illusioni sulle prospettive delle proprie forze. "Non possono durare ancora molto" disse al suo Stato Maggiore. "Gli uomini sono cosí stanchi che hanno la lingua penzoloni. Eppure stiamo resistendo". (Prima che le linee tedesche tra l'Oder e il Neisse cedessero infine all'offensiva sovietica, tra il primo e il 19 aprile 1945 le perdite russe ammontarono a 2.807 corazzati, mentre per il solo possesso delle alture di Seelow Žukov perse 70.000 uomini).

Heinrici era figlio di un pastore protestante, Paul Heinrici; ed egli stesso era un uomo molto religioso, ciò lo mise spesso in attrito con il *Reichsmarschall* Göring e con Adolf Hitler stesso. La madre di Heinrici, Gisela von Rauchhaupt, era invece discendente di una delle più antiche famiglie della nobiltà militare prussiana, le cui radici risalgono al XII secolo. Solo nel 1800 si contano tra i ranghi degli Ufficiali della *Armee* tre Generali von Rauchhaupt (Hermann, Udo e Timon von Rauchhaupt).

il suo comando non si fosse ritirata immediatamente, sarebbe stato completamente accerchiato dai sovietici. Infine aggiunse anche che l'unica stretta via di fuga per la IXa armata era rivolta non poteva essere rivolta a nord-ovest verso Berlino.

Minacciò infine di rinunciare al comando se non esaudito nella sua "legittima" richiesta di sganciamento! Il 22 aprile, nel bunker-fuhrer della cancelleria, i generali presenti assistettero ad una drammatica crisi di nervi di Hitler durante la consueta riunione pomeridiana sulla situazione.

Hitler si abbandonò ad una rabbia colma di lacrime quando si rese conto che il suo famoso piano abbozzato il giorno primo non avrebbe mai avuto luogo. Quel giorno in un certo qual modo anche lui si rese conto che la guerra era finita. Ovviamente ne diede la colpa ai generali e alla nazione tutta ed annunciò che sarebbe rimasto a Berlino fino alla fine per poi suicidarsi. Per cercare di rasserenare un pochettino gli animi in quella situazione disperata, uno dei massimi strateghi tedeschi presenti, il generale Alfred Jodl lanciò l'idea di utilizzare la XIIa Armata, che in quel momento stava facendo fronte agli alleati occidentali. Di spostarla rapidamente su Berlino sottraendosi alla pressione degli americani, che pareva non avessero voglia di addentrarsi più a est delle posizioni fin lì raggiunte. Ciò rigenerò lo sconfortato Hitler, che come rianimato cavalcò al volo questa nuova illusione.

Fece trasmettere l'ordine al generale Walther Wenck di sottrarsi al combattimento con gli statunitensi e spostare la XIIa Armata verso nord-est per soccorrere la capitale sotto assedio. I generali del bunker sottolinearono che tale manovra avrebbe permesso il ricongiungimento della XIIa con la IXa armata. Grazie a questo fatto, finalmente in serata il povero generale Heinrici ottenne finalmente il permesso di sganciarsi dalla zona delle alture di Seelow. Intanto la guerra vera, quella combattuta fuori dal bunker, procedeva velocemente verso un chiaro e definitivo esito scontato dei sovietici.

I quali stavano sull'attacco in ogni dove, avendo davanti solo forze nemiche sempre più scosse, indebolite e disorientate. La loro spinta su Berlino era ormai quasi completa. Quella sera stessa il generale Konev poté comunicare a Stalin di aver messo piede per primo nei sobborghi della capitale nemica! Il 23 aprile i due gruppi d'armate sovietici, quello bielorusso e quello ucraino procedevano in simbiosi all'accerchiamento della città, tagliando fuori nei fatti quel che restava della esausta IX armata tedesca. Il corpo ucraino intanto era impegnato a fare corsa verso ovest allo scopo di intercettare l'arrivo della XIIa armata tedesca che stava sopraggiungendo.

Hitler quel giorno nominò il Generale Helmuth Weidling comandante supremo della difesa di Berlino. Il 24 aprile i sovietici completarono l'accerchiamento della città, mentre Konev, assediata Potsdam, spingeva le sue avanguardie oltre la Nuthe, penetrando nei due quartieri di Berlino, Steglitz e Zehlendorf. In città intanto la situazione dei civili si faceva sempre più tragica. Da diverse ore non c'erano più elettricità, gas e luce, le condutture di acqua potabile erano saltate; le artiglierie sovietiche sparavano di continuo e su ogni angolo della città. In questo clima infernale SS e nazisti fanatici gironzolavano per le case alla ricerca spasmodica di ragazzini dai 12-13 o di anziani oltre i 60 anni da mandare dritti a combattere in prima linea o da impiccare sul posto in caso di diniego.

Tutti i servizi pubblici avevano cessato di funzionare così come pure tutti i servizi igienico-sanitari della città. Il 25 aprile il 2° corpo bielorusso ruppe le linee della IIIa Armata Panzer attorno alla testa di ponte a sud di Stettino. Verso ovest ora gli unici soldati che i russi avrebbero potuto incontrare erano gli inglesi del XXI Corpo d'armata! Mentre La LVIIIa Divisione Guardie russe di fatto prese contatto con la 69ª Divisione di fanteria della Ia Armata USA nei pressi di Torgau, sull'Elba per lo storico incontro fra alleati. La Germania era di fatto tagliata in due.

BERLINO: LA BATTAGLIA FINALE

L'anello difensivo esterno, il primo delle linee difensive approntate per la difesa di Berlino non era una linea continua, ma era per lo più un insieme di punti e nodi strategici particolarmente presidiati, anche se sempre in relazione alla situazione caotica del momento. La difesa non ebbe mai il tempo per un efficace coordinamento per difficoltà oggettive. Il destino di Berlino pur essendo comunque segnato ebbe una resistenza che continuò fino alla fine, in maniera spesso fanatica.

Per il governo tedesco, i ministeri del Reich e l'apparato di sicurezza furono previste misure di evacuazione dalla capitale sin dal mese di febbraio, ma non volendo allora, ancora riconoscere l'imminente sconfitta ad aprile le cose erano ancora lì da farsi. Hitler diede solo il 20 aprile 1945 l'ordine di evacuazione di tutti gli edifici pubblici di Berlino dalle zone in cui erano alloggiati il governo, la Wehrmacht e le caserme delle SS, ordinando anche la distruzione immediata di tutti documenti, certificati e archivi ufficiali. Furono anche organizzati grandi convogli di camion per portare via parte del personale e di gran parte degli oggetti di valore del Reich. Hermann Goering approfittò della situazione per allontanarsi a sua volta verso sud dopo che Hitler aveva invece deciso il 22 aprile di rimanere a Berlino.

Insieme a lui, obtorto collo rimasero anche una buona parte degli abitanti della capitale. La popolazione civile di Berlino è stato stimato all'inizio della battaglia attorno a 2,7 milioni di abitanti.

Nel 1939 a Berlino vivevano invece 4,3 milioni di persone. Quindi ne mancano all'appello un buon 40%. Dei rimanenti, circa due terzi erano persone di sesso femminile di ogni età. Il terzo della popolazione civile maschile era invece composta per lo più da bambini e ragazzi sotto ai sedici anni o di uomini più anziani dai 60 anni in su. Nelle undici settimane prima della battaglia finale circa 200.000 persone rimasero vittima dei bombardamenti provocati da ben 85 raid aerei, per la maggior parte inglesi e statunitensi.

La battaglia vera e propria in città iniziò il 25 aprile, quando il 1º corpo bielorusso varcò il

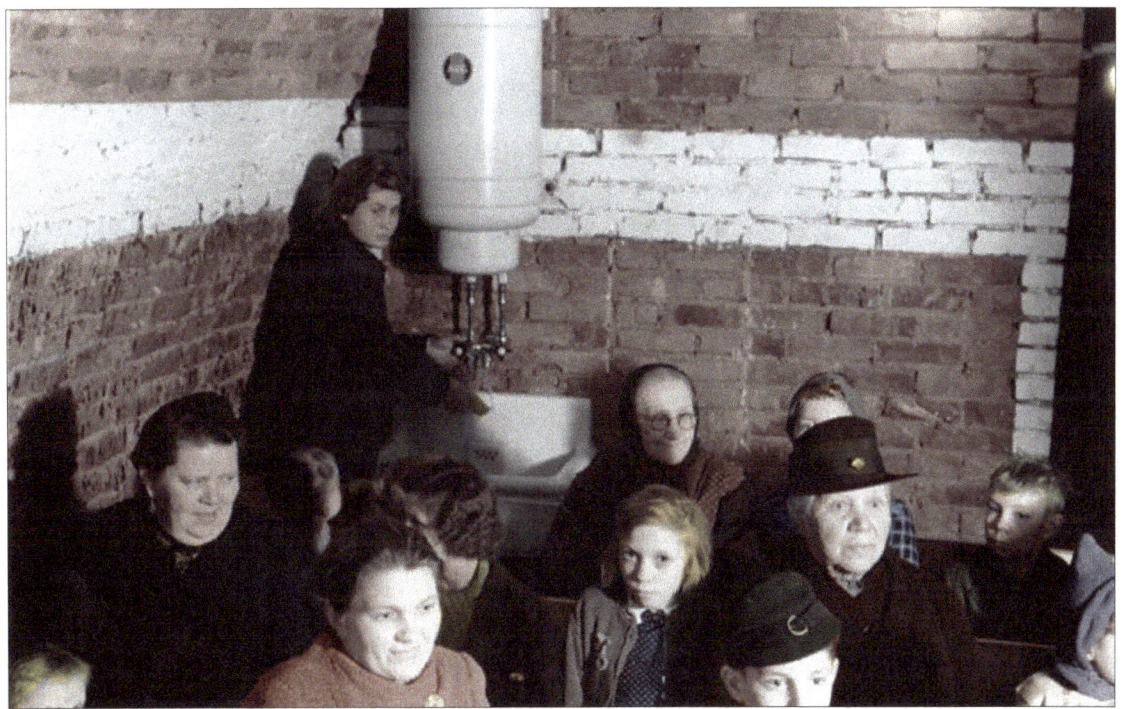

▲ L'organizzazione tedesca aveva previsto persino acqua calda nei bunker antiaerei della capitale.
The German organization had also thought of hot water in the anti-aircraft bunkers of the capital.

canale Hohenzollern all'altezza di Plötzensee e iniziò ad avanzare nei settori orientale e nord-orientale della città, scontrandosi subito con la resistenza fornita da elementi della IXa divisione Paracadutisti del Reich nell'area industriale a cavallo fra l'Invalidenstrasse e la stazione Stettiner. Contemporaneamente, nel settore meridionale della città, l'VIIIa Armata delle Guardie e la Ia Armata corazzata Guardie sovietiche si impadronivano dell'aeroporto di Tempelhof, dopo aver messo in rotta le deboli formazioni della Hitlerjugend che lo difendevano assieme ai reparti della difesa contraerea e agli uomini della Muncheberg. Quella notte stessa caddero anche i ponti di Spandau e Pickelsdorf, difesi sempre da alcune unità della Gioventù hitleriana per lo più armati di panzerfaust. Caduti i sobborghi esterni, la battaglia di Berlino si restrinse ai rioni di Mitte, di Kreuzberg e di Prenzlauerberg, vale a dire la linea di quartieri denominata "Cittadella". L'avanzata sovietica verso il centro della città si svolse lungo alcuni assi principali: da sud-est lungo la Frankfurter Allee (terminata ad Alexanderplatz); da sud lungo la Sonnenallee con termine a nord di Belle Alliance Platz, sempre da sud con arrivo nei pressi di Potsdamer Platz e da nord per arrestarsi vicino al Reichstag. Il Reichstag con il ponte Moltke, Alexanderplatz e i ponti sullo Havel a Spandau furono i luoghi simbolo dove i combattimenti furono più acerrimi, con scontri casa per casa e disperati corpo a corpo. I contingenti stranieri delle SS, in primis i francesi della Charlemagne, combatterono con particolare vigore perché erano ideologicamente motivati e perché sapevano che in ogni caso non sarebbero mai sopravvissuti alla cattura.

Il 27 aprile cadde anche l'aeroporto di Gatow. Violentissimi combattimenti, con perdite enormi da entrambe le parti, infuriavano intanto alla stazione di Anhalt e sull'Alexanderplatz dove, tra le macerie dei capisaldi e le buche provocate dalle granate diventate trincee ideali, un pugno di SS agli ordini dello Standartenführer Hans Kempin resisteva ancora, appoggiato dagli ultimi carri del 29º reggimento Panzer. Il 28 aprile Heinrici rifiutò l'ennesimo ordine di Hitler di raggiungere Berlino a qualsiasi costo, e venne quindi sollevato dall'incarico e sostituito dal Generale Kurt Student il giorno seguente. Il 29 ebbe corso l'ultima surreale riunione militare nel führer bunker. Hitler richiamò tutti i collaboratori rimasti, espose loro la situazione generale e infine li congedò, dopo aver fatto giurare a ognuno di loro di non lasciarsi prendere vivo. Intanto a Berlino si continuava a morire: a mezzogiorno le truppe di Cujckov si battevano già nella Vosstrasse, sulla quale si affacciavano la Cancelleria e il Ministero dell'Aeronautica (quest'ultimo difeso dal 15º Battaglione SS, formato da fucilieri lettoni). Ma si combatteva anche nel resto della città: per esempio a Tempelhof, dove 1.200 ragazzi della Hitler Jugend rientrati in zona, tenevano ancora saldamente un tratto dell'aeroporto, e sulla Moritzplatz, difesa dai volontari spagnoli della SS Freiwilligen Kompanie 101 (detta anche Einsatzgruppe "Ezquerra", dal nome di Miguel Ezquerra, il suo comandante in capo). Intanto nel bunker di Hitler fra scene di disperazione alternate a scatti di folle euforia si elaboravano tutte le più stralunate ipotesi di buona uscita da quella situazione disperata. Il generale Weidling ebbe l'idea di proporre una manovra suicida: una sortita su Berlino condotta con elementi della 18a Panzer e della 9a Divisione Aviotrasportata poste fuori dalla capitale, che avrebbero dovuto forzare il blocco sovietico in direzione della Sprea, lungo la Heerstrasse. Queste avrebbero dovuto farsi largo con le ultime munizioni rimaste e una manciata di blindati, per aprire un varco al Führer e al suo seguito verso il ponte di Spandau, in un settore ancora tenuto dalla Gioventù hitleriana. Una volta giunti là, l'ultimo quadrato di SS della divisione Nordland, affiancato dai resti di reparti scelti della Muncheberg e da un battaglione di polizia, avrebbe poi provveduto a scortare Hitler verso un luogo sicuro, oltre la sacca di Berlino. Allo scopo fu quindi testato un attacco in tal senso per saggiarne le possibilità, condotto dalla Hitlerjugend e da ottocento granatieri che però si trasformò in una vera mattanza per i poveri volontari che vi parteciparono, ed il miracoloso piano venne definitivamente accantonato. Il 30 aprile, mentre le forze sovietiche stringevano sempre più il cappio al collo a ciò che restava del terzo Reich, Adolf Hitler sposò Eva Braun e subito dopo si suicidò con lei, assumendo cianuro e

▲ L'ultimo esercito di Hitler: gli anziani sessantenni della Volkssturm e i giovanissimi ragazzi della Hitler Jugend.
The last army of Hitler: the sixty-year-olds of Volkssturm and the young Hitler Jugend boys.

▲ Uno dei tantissimi blocchi anticarro improvvisati, con carcasse di autobus e macerie, poca cosa per i carri russi..
One of the many improvised anti-tank blocks, with carcasses and rubbish, little thing for Russian T-34..

sparandosi un colpo in bocca. Il suo corpo fu avvolto nelle coperte impregnate della poca benzina rimasta e carbonizzato assieme a quello di Eva Braun, che lo aveva voluto seguire anche nell'ora della morte. A questo punto la gran parte dei comandanti ancora in vita decisero che era venuto il momento di tentare il tutto per tutto e cercare una via di uscita, mentre altri, come il capo di stato maggiore Krebs si toglievano la vita, certi cosi di evitare lunghe e umilianti detenzioni in qualche sperduto gulag sovietico. Intanto le ultime fanatiche SS, per lo più i francesi della divisione Charlemagne si battevano contro i russi, con le unghie e con i denti, a pochi passi dal bunker. Il 1° maggio (penultimo giorno di assedio), i miseri resti della Muncheberg (gen. Mummert) si radunarono sul Tiergarten, assieme ai sopravvissuti della Nordland e della Charlemagne, comandati rispettivamente da Ziegler e da Krukenberg: in tutto poco più di 800 uomini malridotti, senza mortai né mitragliatrici, con appena cinque Panzer, di cui due erano inutili cacciacarri Elefant, due BA10 di preda bellica ed un Tiger II dell'11° reggimento Panzer (PanzerAbteilung) Hermann von Salza delle SS. Appoggiati da questi pochi mezzi e spinti dalla forza della disperazione, i tre comandanti decisero di forzare l'uscita dalla sacca di Berlino combattendo alla testa dei loro uomini - gran parte dei quali aveva portato con sé la propria famiglia – cercando lo sfondamento in direzione di Pichelsdorf; per farlo, si divisero in due piccoli Kampfgruppe, il primo dei quali avrebbe lasciato il bunker alle nove. Al primo gruppo si unirono anche diversi volontari della XVIIIa Panzer, mentre al secondo si aggregarono persino alcuni membri dello stato maggiore del Führer, tra cui Bormann. Il Brigadeführer Mohnke ordinò loro di riunire tutta la benzina e gli esplosivi rimasti, e di dare fuoco al bunker per non lasciare nulla ai sovietici. Erano le nove di sera quando il primo gruppo lasciò il bunker diretto verso la stazione della metropolitana di Wilhelmplatz. Ne facevano parte Otto Günsche, colonnello e guardia del corpo di Hitler, che assistette fra l'altro al suicidio del führer, incaricato da questi di tenere chiusa la porta dello studiolo dove il dittatore la fece finita. l'ambasciatore Hewel, l'ammiraglio Voss, Heinz

Linge, il cameriere di Hitler, le sue tre segretarie, e il suo pilota personale, Baur. Tutti quanti questi fuggitivi non andarono lontano: scoperti dai russi durante la fuga, alcuni di loro si suicidarono, gli altri furono tutti presi prigionieri; tra questi ultimi, il *Brigadeführer SS* Mohnke e il colonnello Günsche. Stessa sorte capitò anche al secondo gruppo, allontanatosi dal bunker verso l'una e mezza di notte: nonostante l'appoggio di alcuni carri armati "Tigre", dovette fermarsi al ponte di Wiedendamm di fronte a un posto di blocco sovietico. Ed in questo frangente che si persero le tracce del fanatico segretario di Hitler Martin Bormann. Non si sa se sia rimasto ucciso nel breve scontro a fuoco che ne seguì o se sia riuscito a fuggire, alimentando una leggenda ancora oggi rimasta oscura, anche se i più danno per certo che il gerarca nazista sia rimasto colpito a morte nella fuga di quella tragica notte. Per la divisione *Charlemagne*, ormai ridotta approssimativamente ad una trentina di uomini, la guerra poteva dirsi finita. Esaurite le munizioni, le SS francesi cercheranno, a piccoli gruppi, di attraversare le linee russe spingendosi quanto più possibile verso ovest per arrendersi agli inglesi o agli americani. E alcune di loro ci riusciranno, camminando per ore e ore nei condotti fognari e nelle gallerie della metropolitana, che sembra furono poi allagate determinando la morte anche di molti civili, al buio e senz'acqua. Altri, catturati dai russi, furono invece immediatamente fucilati sul posto. Hitler era morto, ma la battaglia di Berlino continuava. La resistenza tedesca era discontinua: non essendoci più uno Stato maggiore a coordinare la difesa, ed essendo cessate praticamente tutte le trasmissioni, ciascun sottufficiale, mancando di ogni forma di direttiva, decise per conto suo se arrendersi ai russi o se tentare il tutto per tutto, aumentando in questo modo il caos tra reparto e reparto e peggiorando ancor più la già difficile situazione della popolazione civile. Furono momenti di panico

I GENERALI DI BERLINO
Wilhelm Mohnke (1911-2001)

Ufficiale delle Waffen-SS, fu uno degli ultimi generali rimasti fedeli a Hitler, e durante le fasi finali della battaglia di Berlino assunse il comando di un *Kampfgruppe* (gruppo di combattimento) nella difesa del Reichstag. Mohnke guidò la divisione nell'operazione *Wacht am Rhine*, l'offensiva delle Ardenne, venendo anche promosso *SS-Brigadeführer* il 30 gennaio 1945. Rimasto ferito in seguito ad un attacco aereo, Mohnke, dopo essere stato dimesso dall'ospedale assunse il comando del *Kampfgruppe Mohnke*, un gruppo di combattimento di nove battaglioni, inclusi i resti della divisione "Charlemagne", che doveva difendere il Reichstag. Catturato dalle truppe sovietiche mentre, insieme con un gruppo di sopravvissuti al bunker della Cancelleria, cercava di dirigersi a ovest, rimase in totale isolamento per quattro anni, venendo infine liberato il 10 ottobre 1955. Trasferitosi a Barsbüttel, in Germania, morì nel 2001.

indescrivibile, ne mancarono fra l'altro gli attriti tra i singoli comandanti di battaglione: ad esempio nel settore di Spandau, quando alcuni parlamentari tedeschi si fecero incontro alle linee russe agitando una bandiera bianca, il *Brigadefuhrer* Krukenberg intimò loro l'alt puntando loro addosso la propria pistola. Il Generale Weidling, il comandante della piazza di fresca nomina, ordinò il "cessate il fuoco" il 2 maggio alle 07:00, mentre una fredda pioggerella cadeva sulla città. Per quell'ora anche la guarnigione di Spandau e quelle poste a difesa della Flak torre antiaerea dello zoo si erano ormai arrese ai russi. Ma nei pressi della Cancelleria i combattimenti proseguirono ancora fino alle 13:00, ad opera di alcuni reparti sbandati di SS del battaglione di Mohnke che, ignari di tutto, seguitavano a combattere.

UNA BATTAGLIA NELLA BATTAGLIA: LA LOTTA PER IL REICHSTAG

Alla prima mattina del 30 aprile, i sovietici avevano saldamente conquistato il ponte Moltke sopra il fiume Spree (malgrado i tentativi non riusciti da parte dei tedeschi di distruggerlo), la metà occidentale del quartiere diplomatico e il ministero degli Affari interni; tutte conquiste che avevano comportato pesanti vittime. Da quel momento, le truppe tedesche furono costrette in una lunga sacca che correva da est ad ovest da Charlottenburg ad ovest fino al Prenzlauer Alee ad est. Con la zona a nordovest oramai assicurata, le tre divisioni del 79° Corpo Fucilieri sovietici iniziarono il loro attacco verso il Reichstag. La Divisione 171a Rifle (380°, 525° e 783° Reggimenti fucilieri) si diresse rapidamente verso est seguendo il fiume Spree per poi piegare a sud per raggiungere e circondare il Reichstag. Intanto la 150a Divisione Fucilieri (469°, 674° e 756° Reggimenti fucilieri) si diresse a sud e ad est, attraverso Königsplatz, in un movimento a tenaglia con la 171° divisione per circondare il Reichstag. Infine la divisione 207a di fucilieri (594°, 597° and 598° Reggimenti fucilieri) si dirigeva a sud-ovest oltre l'Opera Kroll verso il Chausee di Charlottenburg e il Tiergarten. Le rovine della Opera Kroll sono quelle che permisero una difesa più efficace alle truppe tedesche che infatti furono le ultime a cedere in quel settore. Seguirono tre feroci assalti alle 04.30, alle 11.30 e alle 13.00 tutti respinti con perdite pesanti ma la 171a Divisione Fucilieri russi riuscì a liberare la metà orientale del quartiere diplomatico e a mettere in sicurezza l'accesso del ponte Kronprinzen contro eventuali contrattacchi tedeschi provenienti dallo Spree, isolando così tutto il quartiere governativo. I sovietici riuscirono anche a introdurre nel settore alcuni carri armati e artiglieria pesante scavalcando tutte le difese passive e anticarro faticosamente predisposte dalle forze armate tedesche.

Al 14.25, il Generale VM Shatilov (Comandante, la 150ª Divisione Fucile) riferì di aver visto una bandiera rossa sui gradini del Reichstag vicino alla colonna di destra. La cosa non dovette apparire inverosimile, poiché i battaglioni impegnati nell'assalto finale contenevano un numero cospicuo di uomini desiderosi di andare a piantare una bandiera sul Reichstag. Tra questi un gruppo di volontari guidati dal maggiore MM Bondar del 380° Reggimento fucilieri insieme ad alcuni soldati del 756° guidati dal capitano VN Makov. L'entusiasmo scatenato da questa relazione poi risultata infondata, fu inviata allo stato maggiore sovietico. Ciò ha portato Zhukov ad emettere l'Ordine Operativo n. 6, quello in cui si leggeva che: *"Unità dell'Esercito sovietico ... dopo aver rotto la resistenza del nemico, hanno catturato il Reichstag innalzando su di esso la nostra bandiera sovietica! Oggi, il 30 aprile 1945, alle ore 14.25 "*. Questa falsa relazione venne inviata a Mosca e all'estero, ma quando i corrispondenti di guerra raggiunsero la zona del Reichstag, si avvidero che la fanteria sovietica era ancora solo a metà strada tra Königsplatz e il Reichstag appunto. Preso coscienza del proprio abbaglio, il generale Shatilov ordinò quindi alla sua divisione di innalzare una bandiera o uno stendardo rosso sull'edificio, e di farlo a qualunque costo! L'attacco fu quindi rinnovato alle ore 18.00 con il sostegno pesante di tutti i carri armati presenti e dell'artiglieria e dopo pesanti e indicibili combattimenti, la fanteria sovietica riuscì a portarsi sui gradini anteriori dell'edificio con le sue lastricate ancora intatte. Qui grazie a cariche di mortaio che i soldati si erano portate appresso riuscirono a sfondare l'accesso che ostruiva il passaggio. Una volta entrati nell'edificio ciò che seguì fu un disperato combattimento corpo a corpo con le SS presenti a difesa e disposte a tutto pur di non cedere. Queste combatterono per molte ore ancora anche dopo la famosa conquista del tetto dell'edifico, rifugiandosi nei grandi interrati del palazzo. Sempre in contatto telefonico con il quartier generale reggimentale, i fucilieri russi in numero sempre maggiore dilagarono fra stanze strette e sconosciute in tutto il palazzo combattendo contro gli ultimi tedeschi che continuavano ad opporre una strenua resistenza. Infine, un gruppo di coraggiosi, armati di bandiera rossa comandata "ufficialmente" dai sergenti MA Yegorov e MV Kantaria riuscì a trovare una strada sulla parte posteriore dell'edificio dove si trovava una scala che conduceva sul tetto del Reichstag. Una volta sul tetto, raggiunsero una enorme statua equestre incrinata vicino al ciglio del tetto e lì vicino venne finalmente piazzata la bandiera rossa!

▲ Un altro strong point berlinese, sempre fatto con carcasse di autobus e macerie, inutile per fermare i carri russi.
One of the many improvised anti-tank blocks, with carcasses and rubbish, little thing for Russian T-34..

Ma le cose si scoprì dopo non andarono così. In verità la bandiera fu invece piantata dall'intrepido soldato 27enne Mikhail Petrovich Minin. Secondo il racconto dei testimoni, questi cercò di bloccare la bandiera con la sua cintura, poi si avvide che ai piedi della statua vi era una fessura adatta e finalmente vi fissò la famosa Bandiera Rossa, alle 22,45 del 30 aprile 1945 (Red Army Target No. 105). Purtroppo per lui al momento dell'azione non vi era nessun fotografo ad immortalare la scena. Il giorno dopo un contrattacco nazista cercò di riprendersi il Reichstag per liberarvi i commilitoni ancora asserragliati nel seminterrato senza riuscirvi.

Al commando tedesco riuscì però di centrare la bandiera rossa e di farla cadere a terra. Qundi la famosa foto *la bandiera sul Reichstag a Berlino, 2 Maggio 1945* fu scattata dal fotografo ufficiale di Stalin, Yevgeny Khaldei solo più tardi. I russi avevano bisogno della loro scena alla "Jwo Jima" e questa era quanto mai adatta. L'immagine fu quindi "ricomposta" solo diversi giorni dopo i reali accadimenti a scopo propagandistico. Assegnatari del merito furono i già citati Georgian Meliton Kantaria (per fare piacere a Stalin che era puree georgiano) e il russo Mikhail Yegorov.

Dopo il crollo dell'Unione Sovietica, è emerso che, a causa di fattori politici, i soggetti della foto furono cambiati arbitrariamente e che l'uomo che effettivamente sollevò la bandiera nella foto, fu invece Alyosha Kovalyov. Kovalyov, un ucraino, fu allora ufficialmente diffidato dal NKVD di tacere sul suo ruolo nella bandiera per non sbugiardare la tesi ufficiale. Circostanza che invece venne confermata nel 1996 dall'altro componente di questa seconda posa della bandiera, il daghistano Abdulkhakim

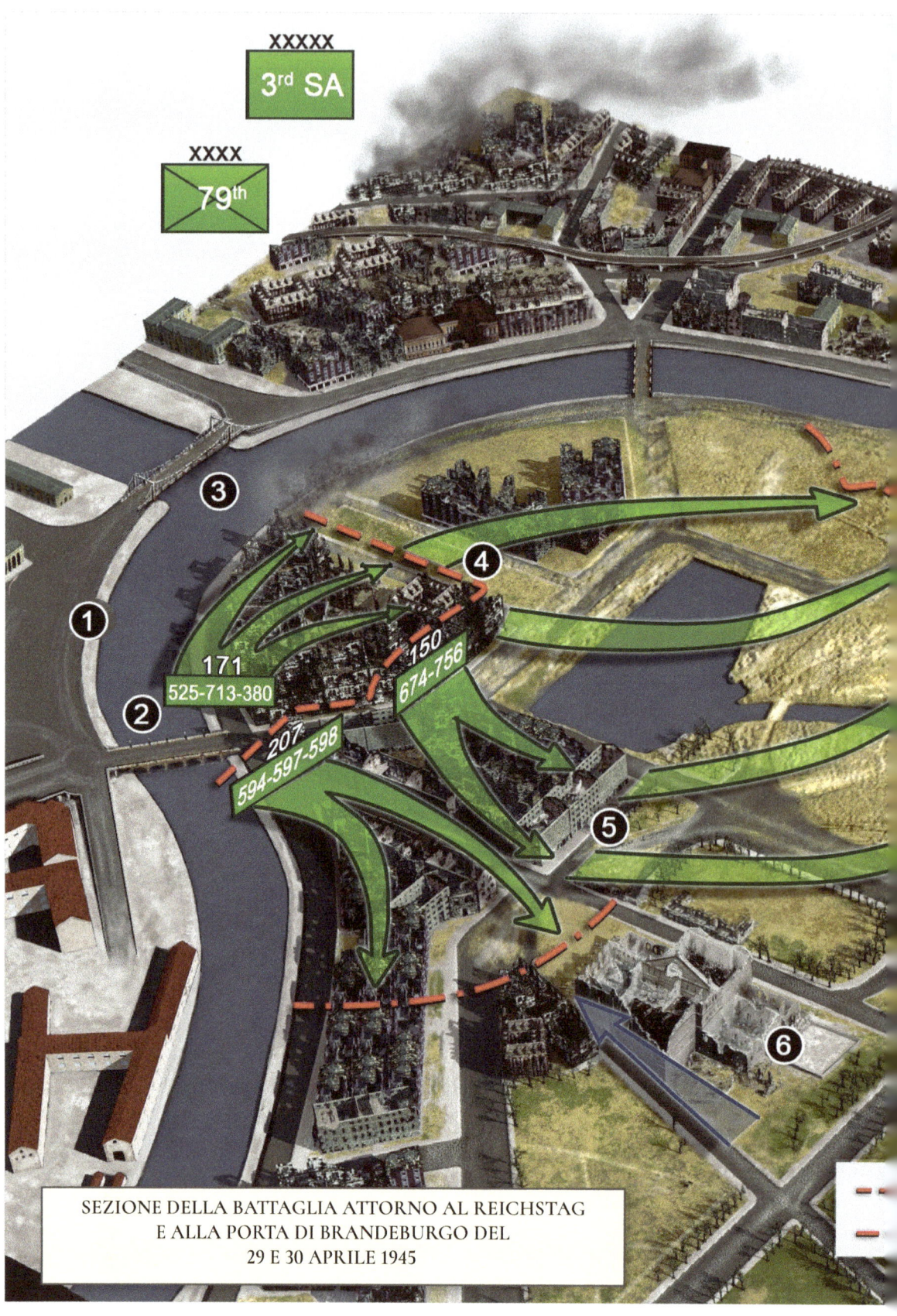

SEZIONE DELLA BATTAGLIA ATTORNO AL REICHSTAG E ALLA PORTA DI BRANDEBURGO DEL 29 E 30 APRILE 1945

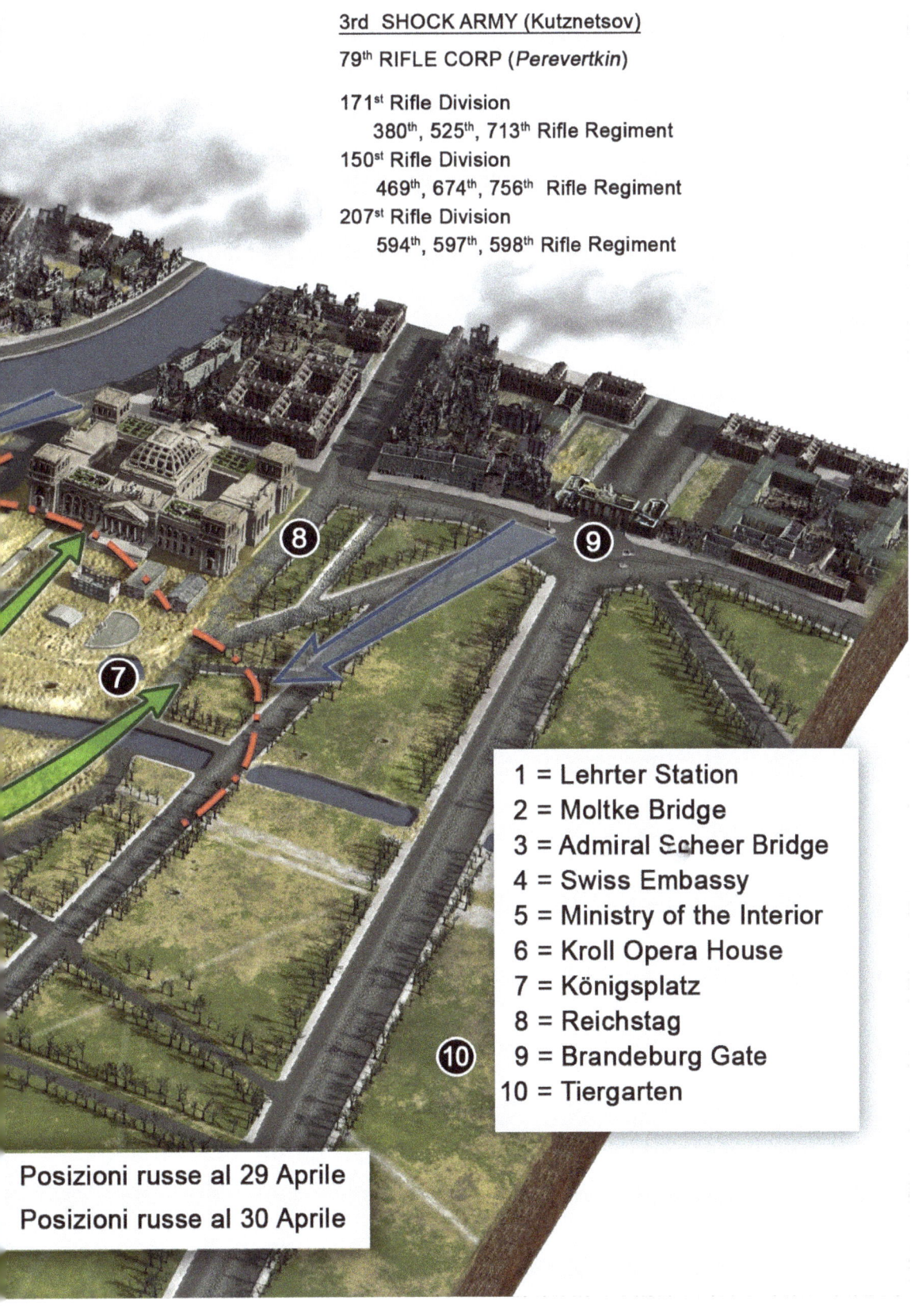

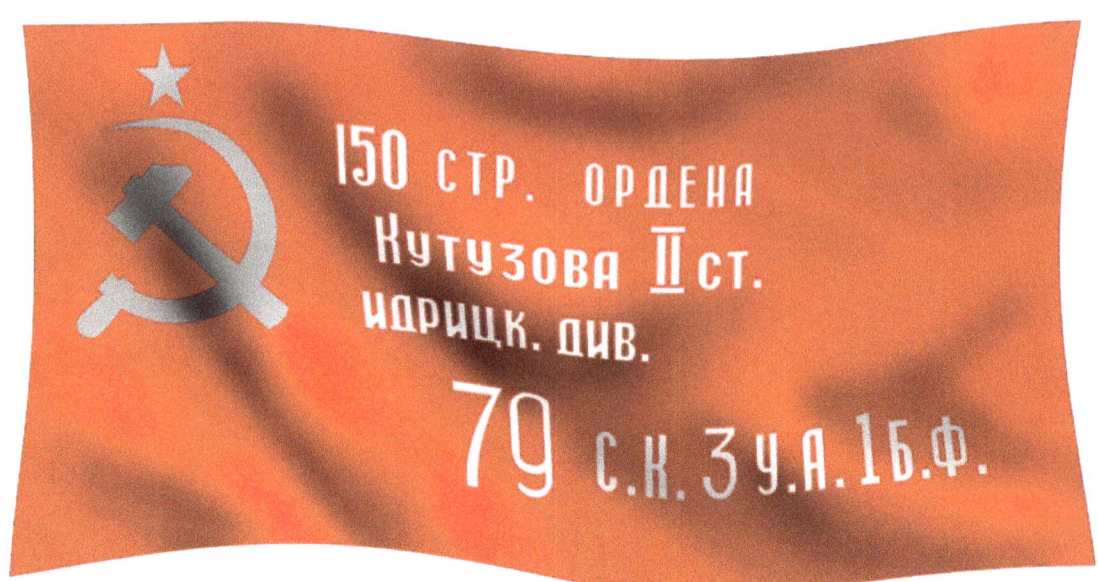

▲ Questa fu la bandiera rossa che venne issata sulla cima del Reichstag! Apparteneva alla 150th Divisione fucilieri.
This was the red flag that was raised on the top of the Reichstag! It belonged to the 150th Rifle Division.

Ismailov. Quest'ultimo, oltre a venire nominato ufficialmente come l'uomo della foto, ricevette dal governo sovietico la medaglia di eroe della Russia.

Per la cronaca completa la lista dei russi sul tetto del Reichstag anche un altro gruppo protagonista di aver fatto sventolare la bandiera rossa guidato da Sergei E. Sorokin.

Mentre sul tetto del famoso monumento accadeva tutto questo, la resistenza tedesca nel Reichstag, concentrata soprattutto nella cantine, continuava nonostante tutto fino alla mattina del 2 maggio quando tutti i combattimenti finalmente cessarono, con i restanti 2.500 difensori che si arrendevano alle forze sovietiche.

Il 2 maggio La resistenza tedesca nella città nel suo complesso si stava spegnendo coi russi ormai a ridosso della Cancelleria del Reich e il Führerbunker dove Hitler e Eva Braun, sua moglie per un giorno si suicidarono. Il modo esatto delle loro morti e quello che è accaduto subito dopo è sempre stato quello che gli storici hanno raccontato, e cioè che Hitler si è sparato e Eva Braun ha preso il veleno, e i loro corpi cremati in tutta fretta appena fuori dal bunker. Un certo numero dei sopravvissuti del bunker, compresi il personale civile e militare, riuscirono a scappare e a fuggire verso ovest, finché alle 15.00 l'artiglieria sovietica smise di sparare, il silenzio improvviso come si dice, divenne assordante. La battaglia per Berlino era finita.

2 maggio L'annuncio della resa

Il generale Helmuth Weidling, comandante della difesa di Berlino, annunciò la resa con il seguente comunicato trasmesso alle truppe tedesche: "*Berlino, 2 maggio 1945. Il giorno 30 aprile il Führer si è suicidato, abbandonando in tal modo tutti coloro che gli avevano prestato giuramento di fedeltà. Ligi agli ordini del Führer, voi soldati tedeschi eravate pronti a continuare a combattere per Berlino benché le vostre munizioni stessero per finire e la situazione complessiva rendesse insensata un'ulteriore resistenza. Dispongo ora la cessazione di ogni forma di attività bellica. Ogni ora che voi dovreste continuare a combattere non farebbe che protrarre le terribili sofferenze della popolazione civile e dei nostri feriti. D'accordo con il comando supremo delle truppe sovietiche, vi chiedo di deporre immediatamente le armi. Weidling, ex comandante della difesa della piazza di Berlino*".

2 - LE STRUTTURE DIFENSIVE DI BERLINO

1: La situazione geografica

Le sole barriere naturali degne di nota che proteggono Berlino sono i laghi Havel ad ovest e i fiumi Dahme e Mueggelsee a sud est. A causa della loro ridotta larghezza il canale Teltow a sud, il fiume Sprea e il canale Landwehr che attraversano il cuore della città, sono degli ostacoli di minore importanza. Una certa protezione dai carri armati può venire offerta dai canali e dai campi allagati a nord est della città. A sud e a nord e per la maggior parte del suo confine orientale, tuttavia, la città è completamente esposta agli attacchi nemici.

A una distanza variabile tra i 30 e i 50 chilometri attorno a Berlino, sorge un'area boscosa in cui fiumi, laghi e canali creano consistenti ostacoli alle truppe in avanzata. Di particolare importanza, da questo punto di vista, è la cintura di boschi e laghi che si trova ad est della città e passa attraverso Königswusterhausen, Erkner, e Tiefensee, attraverso il vecchio corso dell'Oder vicino a Bad Freienwalde. Un'ampia rete di strade circonda Berlino. Il terreno aperto è soprattutto sabbioso, il che rende facile il passaggio di uomini e mezzi. Un avvicinamento coperto ai sobborghi cittadini può essere effettuato da sud-est e nord-est, sfruttando le numerose aree boschive, così come quelle dei parchi cittadini.

All'interno della città, le vaste aree coperte dai detriti dei bombardamenti favoriscono la difesa.

2: Considerazioni tattiche

All'inizio Berlino avrebbe dovuto venire difesa lungo l'Oder. Dal momento che tutte le truppe erano necessarie lungo il fiume, non ci si preoccupò particolarmente di preparare dei piani per difendere le aree boschive descritte nel paragrafo precedente. Questa posizione si sarebbe estesa per oltre 200 chilometri attorno alla città. In ogni caso nella cintura dei laghi da Erkner a Tiefensee fu stabilita una posizione difensiva contro un attacco da est.

Ad una distanza di circa 30 chilometri dalla periferia cittadina, venne creato un "anello di ostacoli", per ritardare l'avanzata del nemico, tutte le località più grandi tra la linea dei laghi e l'anello vennero considerati "punti di resistenza tattica".

La difesa effettiva avrebbe dovuto svolgersi nella periferia stessa, utilizzando tutti gli ostacoli disponibili. Anche questa posizione, tuttavia, si estendeva per circa 100 chilometri, il che in condizioni normali avrebbe richiesto almeno un centinaio di divisioni esperte per potere essere difesa efficacemente, il Comandante dell'Area di Difesa aveva invece a sua disposizione solo 60.000 poco addestrati uomini della *Volkssturm*, un terzo dei quali erano inoltre disarmati, e i restanti due terzi poco armati. In aggiunta a questi uomini in città si trovavano tra le venti e le trenta Batterie e le unità permanenti della contraerea della città.

Dal momento che Berlino doveva essere difesa fino all'ultima casa anche quando il perimetro esterno fosse stato perduto, era necessario preparare la difesa anche del centro cittadino. Il circuito ferroviario cittadino, che si estendeva per trentacinque chilometri, offriva una linea coerente su cui stabilire una linea difensiva. Procedendo ulteriormente verso il centro, l'isola formata dal canale Landwehr e dal fiume Sprea era vista come un ulteriore linea difensiva. Se il nemico fosse penetrato anche in questa posizione, gli edifici, come la Cancelleria del Reich, il Reichstag, il Bendler Block, e i rifugi antiaerei avrebbero dovuto venire difesi.

3: La manodopera e i mezzi necessari per le costruzioni

Le forze del Genio, subordinate al comandante dell'Area di Difesa, erano sotto il comando del Colonnello Lobeck. Gli Ufficiali e i distaccamenti del Genio erano assegnati ai comandanti di settore per supervisionare il lavoro di costruzione e procedere alla demolizione degli edifici. Dal momento che un solo Battaglione del Genio Costruttori era disponibile, il Generale Reymann ordinò che due Battaglioni della *Volkssturm* venissero addestrati in quella funzione.

La manodopera disponibile per la costruzione consisteva in alcune unità dell'Organizzazione Todt e del

Servizio del Lavoro, della *Volkssturm*, e nella popolazione civile. Il numero totale delle persone impiegate nei lavori di costruzione delle fortificazione era di 70.000 ogni giorno. Considerato che Berlino contava oltre tre milioni di abitanti, questo numero può apparire piccolo, tuttavia bisogna considerare che fino all'ultimo momento utile le fabbriche e le officine dentro e fuori la città rimasero in funzione giorno e notte. In più, i lavoratori dovevano essere trasportati ogni giorno dalle loro case ai luoghi di lavoro. Il sistema ferroviario cittadino e suburbano erano già sovraccarichi, e le frequenti interruzioni della linea causati dalle bombe rendevano il movimento dei lavoratori e lento e macchinoso. Molte aree di costruzione si trovavano distanti dalla linea ferroviaria, e non era disponibile la quantità necessaria di carburante per i camion. Vennero fatti degli sforzi per impiegare i lavoratori delle imprese che sorgevano vicino ai luoghi da fortificare. Solo l'Organizzazione Todt e il Servizio del Lavoro del Reich erano ben equipaggiati, mentre la maggior parte dei lavoratori doveva costruire fortificazioni con gli attrezzi di loro proprietà. Una piccola quantità di attrezzi di scavo venne fornito dal deposito del Genio di Rehagen-Klusdor. All'inizio alcune trincee e ostacoli anticarro poterono venire scavati con l'uso di alcune scavatrici, ma a causa della carenza di carburante il loro uso fu discontinuo.

A causa della mancanza di tempo e della carenza di materiale da costruzione adeguato, era fuori questione costruire bunker in cemento armato. Erano inoltre disponibili piccole quantità di mine e di filo spinato. I piani di costruzione che si poté portare avanti furono necessariamente limitati ai seguenti: lungo sia l'anello esterno che quello interno, vennero scavate trincee e postazioni per mitragliatrici, e scavati rifugi sotterranei o adattate le cantine di alcuni edifici. Per la maggior parte queste posizione non si sviluppavano in profondità. Le strade in tutti i settori della città erano bloccati da ostacoli anticarro, e fossati anticarro vennero scavati in alcuni punti particolarmente importanti lungo l'anello esterno. Nelle principali strade che avrebbero potuto servire al nemico per effettuare incursioni in città, vennero sistemati dei campi minati e barriere di filo spinato. La maggior parte di queste posizioni distaccate erano dovute all'iniziativa personale di alcuni capi di partito locali, e mostravano una completa mancanza di una pianificazione accurata e di un'esecuzione competente.

▲ Tutta la popolazione, nessuno escluso, era chiamata a erigere trincee in ogni angolo e crocevia di Berlino.
All the population, no one excluded, was called to erect trenches in every corner and crossroads of Berlin.

3 - LE POSIZIONI INDIVIDUALI

1 L'Area degli avamposti e la posizione di difesa avanzata

La costruzione dell'anello di ostacoli consisteva principalmente nella creazione di blocchi stradali nei punti più adatti, per la maggior parte in zone disabitate. Inoltre venivano scavate delle buche individuali per servire come protezione contro gli attacchi dei carri armati. Ogni blocco stradale era sorvegliato da un distaccamento di trenta o quaranta uomini della *Volkssturm*, dotati di armi da fanteria e controcarro.

Tutte le località più grandi alle spalle dell'anello difensivo vennero definite come punti di resistenza tattica che dovevano essere difesi fino all'ultimo uomo. Dal momento che questa misura non aveva il minimo valore tattico reale, il Generale Reymann protestò con successo con Hitler e il provvedimento venne ritirato.

Poche installazioni nell'area degli avamposti avevano un valore reale. Fin dalle inizio, le deboli unità della *Volkssturm* non erano state dotate di armamento pesante o mezzi di ricognizione, e mancavano di comandanti esperti. Inoltre, mancavano dei collegamenti tra di loro, e solo in casi eccezionali poterono ritardare l'avanzata dei sovietici per qualche ora, mentre in molti casi non si ebbe probabilmente nessuna azione difensiva, specialmente quando gli ostacoli fisici venivano facilmente superati dal nemico.

Le posizioni difensive avanzate erano generalmente più forti, e spesso erano costruite traendo vantaggio dal terreno circostante. Le difese costruite erano comunque quelle che potevano essere viste in una normale linea difensiva. Per combattere in queste posizioni, come complemento delle unità della *Volkssturm*, venne inviato il personale della *Luftwaffe* reso disponibile da Göring in aprile, ma questi uomini erano per la maggior parte poco armati, e non addestrati al combattimento a terra.

Queste forze, apparentemente, si disintegrarono con l'avvicinarsi dei sovietici. Non sono registrati rapporti di seri combattimenti per la posizione difensiva avanzata. Appare evidente come i trenta Battaglioni inviati da Berlino il 21 aprile non raggiunsero le posizioni prima dell'arrivo dell'Armata Rossa, dal momento che unità sovietiche in avanzata lungo un fronte esteso furono avvistate già il 22 aprile ad ovest della linea. La posizione difensiva avanzata avrebbe dovuto trattenere il nemico per un certo tempo, e se questo non avvenne fu a causa della confusione nella catena di comando. Ogni volta che il nemico raggiungeva un punto della posizione difensiva avanzata, Hitler ordinava al *LVI Panzerkorps* di attaccare. Tutte le forze venivano così ammassate lungo i fianchi della linea ferroviaria Berlino-Kustrin, mentre più a nord i sovietici avevano campo libero per avanzare. Se la 9ª Armata fosse stata libera di agire, il *LVI Panzerkorps*, avrebbe potuto venire usato per difendere la posizione difensiva avanzata su un fronte esteso, e allo stesso tempo l'ala destra dell'Armata, che non sarebbe quindi stata attaccata, avrebbe avuto la libertà di ritirarsi dall'Oder inviando la maggior parte dei suoi elementi a rinforzare le posizioni della sua ala sinistra impegnati in duri combattimenti.

Il comandante dell'Area di Difesa, con le deboli forze che aveva a sua disposizione fu incapace di difendere la linea di difesa avanzata, il cui rapido collasso fu largamente dovuto alla mancanza di un sistema di comando realistico ed uniforme.

2. Posizioni lungo il perimetro cittadino

Queste posizioni costituivano la principale linea di resistenza della *Festung* Berlino. Essa consisteva principalmente di una linea continua di trincee, particolarmente elaborata lungo i fianchi, alle cui spalle sorgeva una seconda linea di trinceramenti.

Il percorso delle posizioni era il seguente: a sud seguiva inizialmente la sponda settentrionale del canale Teltow, quindi a sud del canale tra Lichterfelde e Johannistal. A est la prima posizione si estendeva su entrambi i lati del Mueggelsee e quindi aggirava Mahlandorff, la seconda posizione seguiva la ferrovia Gruenau-Herzberg. A nord la linea correva attraverso i campi irrigati lungo il perimetro settentrionale della città, attraverso Weissensee e Niederschoenau, quindi parallelamente al fossato settentrionale (un ostacolo di secondaria importanza), fino al Tegeler See. A occidente correva lungo la sponda orientale del Tegeler See e dell'Havel; la prima posizione quindi seguiva il perimetro occidentale della città attraverso Spandau, Seeburg, Gross-Glienicke, e Sakrow (per la protezione dell'aeroporto di Gatow), e la seconda posizione lungo la sponda orientale dei laghi Havel.

Dietro questa linea si trovavano le postazioni d'artiglieria delle venti Batterie locali permanenti, e l'artiglieria contraerea che non aveva posizioni fisse.

I seguenti estratti delle memorie degli uomini che combatterono per Berlino illustrano le condizioni dei combattimenti, nel momento in cui avvenne il primo contatto con le colonne nemiche avanzanti. Ogni rapporto descrive il settore di un Battaglione o di una Compagnia in uno dei quattro quartieri della città.

A. Canale Teltow presso Klein-Machnov
Tenente von Reuss, comandante di un Plotone del *Volkssturm*.

La preparazione per la difesa del canale Teltow includeva la costruzione di fortificazioni lungo la sponda settentrionale del canale e l'organizzazione di una squadra per la demolizione di ponti. Una trincea da combattimento fu scavata ad una distanza variabile dal canale e posizioni per mitragliatrici furono sistemate ogni 5-600 metri. Ogni posizione era collegata con un rifugio attraverso una trincea di comunicazione.

Le trincee si trovavano parzialmente su un terreno paludoso, il che rendeva difficile il movimento delle truppe. Una postazione di mitragliatrice costruita con blocchi di cemento era costruita nel terreno di una fabbrica di amianto. Non c'erano postazioni d'artiglieria nelle retrovie, anche se due cannoni antiaerei erano stati sistemati alle nostre spalle insieme ad un lanciarazzi.

La sola unità completa che si trovava in questo settore era la Compagnia Volkssturm *Klein-Machnow, a cui si erano uniti alcuni sbandati della* Wehrmacht.

Il plotone era armato con solo una mitragliatrice di produzione ceca, che si bloccava ad ogni raffica, in più si aveva un misto di fucili di varia provenienza straniera inclusi alcuni fucili italiani "Balilla".

Di ulteriore interesse, e menzionato in seguito nello stesso rapporto, è che la sera dopo il primo incontro con il nemico, il Plotone adiacente a quello dello scrivente si ritirò per trascorrere la notte nei propri alloggi, e riapparve la mattina seguente. Dal momento che i sovietici attaccarono debolmente in questo settore, il *Volkssturm* fu in grado di resistere per due giorni.

B. Settore ad est di Friedrichshagen (Muegglsee)
Rapporto del Sergente Maggiore Guempel, sovrintendente alla costruzione delle fortificazioni.

Il Sergente Guempel e dieci uomini del Battaglione di rimpiazzi dell'unità amministrativa di Grunheide, erano responsabili dopo la metà di febbraio del dirigere la costruzione delle fortificazioni ad est di Friedrichshagen e a nord del Mueggelsee, un settore di circa tre chilometri di larghezza. La manodopera era stata reclutata tra la popolazione di Friedrichshagen e i lavoratori delle fabbriche locali. All'incirca cinquecento lavoratori erano al lavoro giornalmente, ed erano state preparate una trincea continua e postazioni permanenti. Era iniziata la preparazione dei rifugi, sotto la supervisione di un esperto di costruzione di Friedrichshagen, anche se nessuno di questi rifugi fu completato prima dell'inizio dei combattimenti.

Era stato previsto che la posizione venisse occupata da una forza di 250 uomini appartenenti sia al Battaglione di rimpiazzi che alla Volkssturm. Con l'avvicinarsi dei sovietici, la forza che teneva la posizione si disintegrò, lasciando le postazioni non sorvegliate. Solo il comandante del Battaglione con venticinque uomini offrì resistenza al nemico. I difensori furono sopraffatti, mentre il Sergente Guempel e il suo gruppo tentarono di radunare gli sbandati.

▲ Tutta la popolazione, donne comprese.. Armate di badili a creare "ostacoli per i terribili russi".
All the population, including women .. Shingle Arms to create "obstacles for the terrible Russians soldiers"

C. Settore ad est del Tegeler See
Rapporto del Maggiore Shwark, comandante di un reparto per la protezione degli impianti.

La posizione era collegata a sinistra con la sponda settentrionale del Tegeler See, da dove si estendeva verso destra lungo il torrente Tegeler, chiamata anche "Fossato settentrionale".
Questo fossato aveva poca acqua, ed era perciò poco più di una linea lungo la quale costruire le fortificazioni. La posizione era costituita da una profonda trincea senza filo spinato o mine.
Il comandante del Battaglione aveva preso familiarità con il terreno e aveva partecipato a due esercitazioni sulle mappe. La posizione era occupata dal Battaglione per la protezione degli impianti, che comprendeva quattro deboli compagnie armate con fucili, bombe a mano e alcuni Panzerfaust. La maggior parte degli uomini erano veterani della prima guerra mondiale e a causa del loro incarico nelle unità di protezione per gli impianti erano abituati all'ordine e alla disciplina. I sovietici evitarono gli attacchi frontali, usando invece tattiche di infiltrazione, soprattutto durante la notte. Queste tattiche erano agevolate dalla poca visibilità che il terreno offriva ai difensori. Particolarmente problematica era la presenza di cecchini sui tetti di fronte e alle spalle delle linee tedesche. Tuttavia fu ancora possibile mantenere il Battaglione coeso. Dopo tre giorni di combattimento, il Battaglione fu quasi completamente circondato e si dovette ritirare in una nuova posizione nei pressi del panificio industriale, dove lo scrivente fu ferito.

D. Settore di Gatow
Rapporto del maggiore Komorowski, comandante di un Battaglione misto.

Il Battaglione come parte di un Reggimento difendeva una sezione della prima linea situata lungo il perimetro occidentale dell'aeroporto di Gatow, che doveva essere protetto dagli attacchi provenienti da ovest. Se la prima linea fosse caduta, il Battaglione avrebbe dovuto ripiegare attraverso il Wansee tramite alcune barche tenute

▲ Uomini della Volkssturm armati degli efficienti mezzi controcarro fecero comunque diversi danni ai russi.
Men of the Volksturm armed with efficient weapons anti-thanks caused several damage to the Russians.

pronte, e occupare la seconda linea difensiva lungo la sponda orientale del lago.
La posizione consisteva in una ben costruita serie di trincee, il Battaglione era formato da elementi del Genio costruttori e della Volkssturm nessuno dei quali aveva esperienza di combattimento ed erano armati con fucili stranieri ed alcune mitragliatrici, il quantitativo di munizioni disponibili era inoltre molto limitato. La fanteria era supportata da una Batteria di cannoni contraerei da 88 mm e da un Plotone di cannoni pesanti di fanteria, anche se quest'unità non aveva mai sparato con le sue armi. La postazione poteva ricevere inoltre supporto dalle truppe della guarnigione della Flakturm dello Zoo. La sera del primo giorno di battaglia, tutti gli uomini del Volkssturm disertarono, e il vuoto tra le fila poté essere colmato solo con alcuni sbandati della Wehrmacht. In due giorni di combattimento tutti i difensori furono o uccisi o catturati.

La posizione lungo il perimetro della città, che ne formava la principale linea difensiva, aveva poco valore intrinseco. Per larghi tratti si trattava di una semplice trincea senza truppe di supporto o altro, schierate alle spalle. Nessuna delle posizioni era occupata da truppe ben addestrate e gestite in maniera coordinata. Le unità schierate, erano deboli nel numero, poco organizzate, male armate e la loro volontà di combattere variava enormemente da settore a settore. È incredibile come in alcuni punti i sovietici vennero tenuti lontano dalle linee per diversi giorni, anche se, bisogna dire, che dove i sovietici tentavano un serio sfondamento, le posizioni crollavano al primo assalto. Tuttavia il nemico non sfruttò pienamente questi sfondamenti, attenendosi ad una condotta prudente ed avanzando in maniera esitante e metodica. Come risultate le varie posizioni costruite da reparti improvvisati riuscirono a rallentarne efficacemente l'avanzata, fino a quando, superata la linea difensiva esterna, l'Armata Rossa si trovò ad affrontare le esperte unità del *LVI Panzerkorps* su posizioni preparate sfruttando il terreno favorevole.

3. Le posizioni lungo il circuito ferroviario cittadino, e le difese interne

Il valore militare del circuito ferroviario cittadino risiedeva nella sua capacità di tracciare una chiara linea difensiva. Le fortificazioni qui costruite erano generalmente simili a quelle costruite nel perimetro esterno, tuttavia, a causa del terreno duro, non era stato possibile preparare una linea continua di trincee. La posizione consisteva soprattutto in postazioni difensive individuali o per tre-quattro uomini. Erano stati preparati dei piani per fortificare le strade alle spalle delle posizioni, ma questo doveva venire fatto in base ai mezzi disponibili e su iniziativa individuale. Questi preparativi sono ben descritti nel rapporto di Heinrich Bath, comandante di un Battaglione *Volkssturm*:

Il Battaglione Volkssturm, *organizzato nella zona di Charlottenburg-Ovest, doveva servire da riserva per un altro battaglio della* Volkssturm *che era schierato lungo la linea ferroviaria cittadina. Le fortificazione avanzate erano state costruite tra le strade alle spalle del Battaglione avanzato, e il Battaglione di riserva aveva una forza di 800 uomini ma mancava di armi e attrezzi, in special modo gli attrezzi per il trinceramento, e molti degli uomini non avevano vestiti adeguati. Il Battaglione era posto sotto il comando del Quartier Generele del Partito del primo Distretto la cui sede era in Wittemberg-Platz. Allo stesso tempo il Battaglione era agli ordini anche del Quartier Generale militare responsabile del settore, e questa situazione creava spesso confusione negli ordini. Per prima cosa erano stati costruiti ostacoli anticarro fissi e mobili. I principali punti di passaggio nel settore del Battaglione erano stati forniti di ostacoli fissi in cemento, e una sezione mobile, al centro della strada, consentiva il passaggio di automobili e altri veicoli. Di notte il traffico era sospeso e i passaggi erano chiusi al calare del buio ed erano sempre sorvegliate attentamente. Le strade laterali erano bloccate completamente da ostacoli fissi che impedivano il passaggio dei veicoli e lasciavano solo un piccolo varco laterale per i pedoni. Questi ostacoli, circa dodici barricate alte fino a tre metri, erano sostituite da travi e putrelle d'acciaio piantate nelle strada e coperte da cumuli di macerie.*
Le posizione delle mitragliatrici erano sistemate sui piani elevati, per coprire la strada. Nelle cantine erano state aperte delle feritoie che davano sulla strada per creare delle postazioni da cui i Panzerfaust potevano attaccare i

carri sovietici. Inoltre le cantine furono trasformate in rifugi e collegate l'una con l'altra attraverso delle aperture nei muri così che si potessero muovere truppe e rifornimenti al coperto. Nei tetti vennero create delle postazione per i cecchini così come dei percorsi per il passaggio di uomini.

A causa dell'intenso lavoro di costruzione, l'addestramento al combattimento venne quasi completamente ignorato, anche se per innalzare il morale vennero effettuate letture di materiale propagandistico.

Poco prima della battaglia il Battaglione ricevette un centinaio di fucili. Durante il combattimento, in linea, rimasero solo una sessantina di uomini, e gli altri ritornarono alle proprie case.

Lungo la linea ferroviaria cittadina, molte posizioni della linea di difesa interna e delle posizioni di passaggio vennero costruite in questa maniera, anche se l'estensione dei lavori dipendeva largamente dalla competenza del comandante responsabile per le costruzioni. Lavori di questo genere all'interno di una grande città avrebbero permesso una forte difesa, purché le truppe destinate a combattere fossero determinate a combattere. A Berlino alcune posizioni furono difese tenacemente mentre altre furono occupate dai sovietici praticamente senza alcun combattimento.

4. LE TORRI FLAK

Le torri *Flak* dello Zoo, dell'Humboldthain e di Friedrichshain, insieme con le torri di controllo del tiro (che non erano fornite di cannoni) erano state costruite nel periodo degli attacchi aerei contro la città. La loro funzione era di servire sia da postazioni per la difesa contraerea, sia come punti di comando della difesa aerea, oltre che da rifugi per la popolazione civile. Le torri erano dotate di generatori elettrici e riserve d'acqua autonome e vasti magazzini di cibo e munizioni, e grazie a queste risorse ogni torre poteva ospitare fino a 15.000 rifugiati, oltre alla propria guarnigione militare. Durante i combattimenti, furono affollati di feriti, disertori e civili, e probabilmente la loro capacità ricettiva prevista fu largamente superata.

A causa della loro posizione e del modo in cui erano state costruite, era evidente che non si era pensato ad un loro impiego per la difesa a da terra. Non erano state costruite né feritoie né entrate fortificate, e l'area immediatamente circostante si trovava all'interno dell'angolo cieco dei cannoni sistemati sulle piattaforme e sulle terrazze della torre. Nonostante questi difetti, le torri resistettero molto bene alla battaglia. I cannoni contraerei giocarono un ruolo importante nella battaglia anche nei sobborghi cittadini. Nessuna torre fu penetrata né da bombe né dal fuoco dell'artiglieria pesante. Nell'attaccare la *Flakturm* dello Zoo i carri sovietici aprirono il fuoco contro le finestre dalle torri, che erano protette da lastre d'acciaio, ma solo alcune finestre ai livelli inferiori furono colpite, dal momento che i cannoni nemici non avevano un alzo sufficiente per colpire i piani superiori; nelle stanze che vennero colpite furono causate pesanti perdite a causa dei frammenti di cemento, ma il muro portante non cedette.

La difesa ravvicinata delle torri venne condotta da posizioni campali costruite intorno ad esse. Le *Flakturm* dell'Humboldthain e di Friedrichshain resistettero per giorni dopo che erano state completamente circondate. La torre dello Zoo e le torri di controllo antiaereo non si arresero fino alla capitolazione generale della città. In quel momento la *Flakturm* dello Zoo era ancora intatta, mentre la torre di Friedrichshafen era stata resa inoffensiva dal fuoco dell'artiglieria che sparava ad alzo zero e si arrese il 30 aprile, principalmente perché i sovietici spinsero la popolazione civile davanti a loro durante i loro attacchi.

◄▲ Le torri Flak erano delle gigantesche, indistruttibili torri contraeree piazzate nei punti strategici del centro cittadino. A sinistra quella del Tiergarten che svolgeva anche compiti di croce rossa. Qui sopra quella dello zoo di Berlino.
The Flak towers were giant, indestructible anti-aircraft towers located at the city center's in strategic points. To the left the tower of the Tiergarten which also carried out red cross tasks. Above that Flak tower of the zoo in Berlin.

▲ Dopo aver combattuto nella prima guerra mondiale questi anziani leggono ora che devono fare anche la seconda
After fights in World War I, these elders men now read that they must do the second also..

4 - PIANI PER LA DEMOLIZIONE

1: I ponti

Erano stati fatti piani per la demolizione di molti ponti e cavalcavia di Berlino. Un forte contrasto, riguardo all'opportunità della demolizione, esisteva tra chi, come il comandante dell'Area di Difesa, riteneva preminenti le necessità militari, e chi metteva innanzitutto i bisogni della popolazione civile. Soprattutto il Ministro del Reich Speer, fece di tutto per mitigare i provvedimenti di demolizione e l'estensione delle demolizioni. Il problema era fortemente sentito non solo per la loro ovvia funzione di consentire il movimento di uomini e mezzi ma soprattutto per il fatto che gli acquedotti e le fognature passavano per la maggior parte sotto i ponti. Speer riuscì a ottenere da Hitler un ordine in base al quale numerosi ponti particolarmente importanti non venissero demoliti.

Il grado con cui le demolizioni vennero effettuate durante la battaglia variava enormemente, e alcuni ponti furono danneggiati in maniera superficiale, cosicché potevano essere rapidamente riparati e consentire nuovamente il passaggio di carri armati e mezzi militari e civili.

Secondo un'indagine del Colonnello Roos, dei 248 ponti di Berlino, 120 furono distrutti e 9 danneggiati. Solo alcuni dei cavalcavia vennero demoliti, probabilmente a causa della mancanza dell'esplosivo necessario.

2: La metropolitana e la linea sotterranea cittadina

La rete della metropolitana e la rete di tunnel sotterranea poteva venire utilizzata sia da truppe amiche che nemiche per muovere uomini rimanendo al coperto. In caso di necessità esse potevano venire bloccate da cariche di esplosivo, che erano già state sistemate in vari punti.

Nel corso della battaglia il tunnel sotto il canale Landwehr fu fatto esplodere, dopo di che fu riempito con acqua. Non può essere determinato su ordine di chi queste misure vennero effettuate. Con l'esplosione del ponte Ebert, ad est del ponte Vleidendamm, la rete di tunnel fu distrutta a sua volta, e a causa di questa e di altre esplosioni l'acqua invase i tunnel di larga parte della metropolitana e della rete di tunnel cittadina del centro città, tuttavia pare che queste distruzioni non vennero fatte in maniera intenzionale.

Non può essere provato che avvenne alcuna perdita umana a causa dell'allagamento dei tunnel, tuttavia, questa non potrebbe essere giustificata da nessuna necessità militare.

Il Tunnel che portava dalla stazione ferroviaria dello Zoo, (*Bahnhof* Zoo) verso Ruhlben, fu molto usato da militari e civili nella loro fuga verso ovest.

3: Distruzione degli impianti industriali e dirigenziali.

Il 19 marzo, Hitler emise un ordine per la demolizione che divenne noto come "Terra Bruciata" tale ordine affermava:

1: Tutte le installazioni militari, industriali, di rifornimento, di comunicazione e di trasporto, e tutte le proprietà all'interno del Reich che il nemico possa utilizzare fin da subito o in futuro per rinforzare il suo sforzo bellico, devono essere distrutte.

2: Le autorità responsabile per eseguire queste demolizioni sono le seguenti:

a: Le agenzie di comando militari per tutte gli obbiettivi militari, inclusi i trasporti e le installazioni per le comunicazioni.

b: I Gauleiter e i Commissari per la Difesa del Reich per tutti gli impianti industriali e di rifornimento, e tutte le altre proprietà, le forze armate forniranno loro il supporto richiesto.

Dal momento che queste misure avrebbero di fatto privato la popolazione dei mezzi di sussistenza, i piani di demolizione previsti fuori di Berlino, vennero sottoposti dall' Alto Comando dell'Esercito (Ispettorato alle Fortezze) al Ministro del Reich Speer, affinché persuadesse Hitler a cambiare l'ordine. Le installazioni di rifornimento di Berlino furono di conseguenza escluse dai piani di demolizione. Al comandante del Genio nell'Area di Difesa fu ordinato di discuterne con l'appropriato Ufficiale di Berlino, il Maggiore Hettasch.

4: La creazione di una rete di comunicazioni

Non venne preso alcun provvedimento per fornire i vari enti preposti alla difesa di Berlino di una rete telefonica adeguata, dal momento che non erano disponibili né apparecchiature né unità per comunicazioni. Furono solo assegnati agli uffici militari alcuni membri del personale alle comunicazioni. Così l'Area di Difesa fu costretta a ripiegare sulla rete telefonica civile, e sulla rete telefonica riservata a disposizione delle unità della Contraerea.
Anche se il sistema postale funzionò notevolmente bene nonostante i bombardamenti, non era possibile utilizzare il sistema postale per le comunicazioni con le truppe, perché questo non dava alcuna garanzia sulla rapidità della trasmissione dei messaggi. Dal momento che l'Area di Difesa non aveva apparati radio, le comunicazioni con e tra le varie unità venivano effettuate tramite staffette, che spesso impiegavano ore per percorrere poche centinaia di metri sotto il fuoco nemico e in strade ingombre di macerie.
La mancanza di mezzi di comunicazione adeguati concorse indubbiamente al caos nell'assegnazione degli ordini e nella distribuzione dei rifornimenti durante la battaglia. Dal momento che il *LVI Panzerkorps* aveva ancora a disposizioni i propri mezzi di comunicazione fu meno colpita dal caos imperante tra le altre unità.

5: Conclusioni

La costruzione dell'intera rete di fortificazioni di Berlino fu caratterizzata dalla mancanza sia di personale che di attrezzature adeguate. Nonostante tutti gli sforzi fatti dall'abile comandante della città, il Generale Reymann, la città poté essere dotata solo di alcune postazioni fortificate di media forza. Queste posizioni acquisivano una reale efficacia solo nel centro cittadino, dove delle condizioni più favorevoli erano fornite dagli edifici di mattoni e dalle innumerevoli macerie.
La designazione della città come *Festung* era pura immaginazione. La costruzione delle difese non poteva essere adattata alle esigenze di una efficace forza combattente, dal momento che questa forza semplicemente non esisteva. Invece la preparazione delle difese fu creata pensando esclusivamente al terreno, e nessuno chiese se nel momento critico del combattimento le postazioni sarebbero state fornite dei necessari difensori. In molti posti le deboli forze della *Volkssturm* non offrirono alcuna resistenza di sorta. Anche se loro avessero mostrato il più grande coraggio, non sarebbero mai stati in grado di difendere la città con successo. La loro difesa aveva il solo effetto di rallentare i sovietici, dal momento che la loro sola presenza li costringeva ad avanzare lentamente e con cautela.
La resistenza incontrata dai sovietici tra il 23 aprile e il 1º maggio non era basta interamente sulle posizioni costruite, ma soprattutto gli uomini del *LVI Panzerkorps* sfruttarono abilmente gli edifici e le macerie per contrastare l'avanzata del nemico.

5 - LA PIANIFICAZIONE PER LE FORZE DIFENSIVE

I: GENERALE

Abbiamo già detto nelle pagine precedenti come le forze pensate per la difesa di Berlino fossero inadeguate e che fu necessario portare truppe dalla linea del fronte per potere difendere la città. La pianificazione delle operazione passo di mano in mano seguendo l'improvvisazione del momento. Le difficoltà organizzative che avvennero possono essere evidenziate da un analisi della catena di comando.

In questo capitolo verrà fatto un tentativo quali forze erano disponibili. Anche se i dati completi sono mancati, è molto probabile che nessuna unità fosse a piena forza.

In aggiunte alle unità locali permanenti e al *LVI Panzerkorps*, a Berlino erano state organizzate un gran numero di unità improvvisate. Altre unità ancora, appartenenti, all'esercito, alla *Luftwaffe*, alla *Kriegsmarine*, alle SS, al Partito, alla Polizia e al Servizio del Lavoro del Reich, furono portate in città all'ultimo minuto. Queste truppe furono portate in città via treno, veicoli a motore, aeroplani da trasporto o a piedi. Alcune unità, benché destinatevi, non raggiunsero Berlino, e altre lo fecero solo in piccoli gruppi, altre semplicemente attraversarono la città dirette verso le postazioni avanzate, mentre altre ancora rimasero fuori città fino a quando non furono costrette a ritirarsi. Molti gruppi si ritirarono verso ovest senza combattere. In aggiunta al *LVI Panzerkorps*, i resti di molte unità che combattevano al fronte si ritrovarono a Berlino.

Le unità qui elencate non costituivano forze di dimensioni adeguate, ma rappresentavano un gran numero di differenti denominazioni di unità. Se fosse possibile fare un elenco di tutte le unità impegnate nella battaglia di Berlino, se ne ricaverebbe un'impressione falsata dalla discrepanza tra la forza reale dei reparti e quella che avrebbero dovuto avere in base ai regolamenti. Bisogna inoltre considerare quale fosse l'effettivo valore di combattimento di questo unità. Non di meno, si spera che il seguente elenco di unità possa dare un idea indicativa delle forze schierate per difendere la città.

II. LE FORZE LOCALI PERMANENTI

1: Quartier Generale del Comandante dell'Area di Difesa di Berlino

Questo Stato Maggiore fu organizzato a partire dal febbraio 1945, dal Quartier Generale del III Corpo, nell'edificio del *III Wehrkreis* in Hohenzollerdamn. Gli ufficiali che ricoprirono l'incarico di comando sono già stati nominati nei precedenti capitoli.

Lo Stato Maggiore era così composto:

Capo di Stato Maggiore: Colonnello (SM) Refior
Capo delle Operazioni: Maggiore (SM) Sprotte
Capo ufficio rifornimenti: Maggiore Weiss
Comandante dell'Artiglieria: Ten. Colonnello Platho
Comandante delle Trasmissioni: Ten. Colonnello Fricke
Comandante del Genio: Colonnello (SM) Lobeck

Il 25 aprile dal momento che i sovietici si stavano avvicinando ad Hohenzollerndamn, il comando fu trasferito nel Bendler Block, il comandante dell'Artiglieria pose il suo comando nella *Flakturm* dello Zoo.

2: LA VOLKSSTURM

Numericamente la *Volkssturm* costituiva l'elemento principale delle difese della capitale, il Generale Reyman dava come sua forza, 92 Battaglioni, (60.000 uomini) di cui secondo i rapporti trenta vennero inviati alle postazioni difensive avanzate. I resti di queste unità potrebbero essersi ritirate a Berlino.

A: Formazione ed organizzazione

Il *Volkssturm* fu costituita sotto gli auspici del partito, dal Commissario per la Difesa del Reich verso la fine del 1944, e non era considerata come una componente dell'esercito. Il suo compito era di proteggere le retrovie della linea principale del fronte, da piccole infiltrazioni nemiche o da sfondamenti maggiori, e dagli eventuali lanci di paracadutisti, doveva servire come unità di sicurezza nelle posizioni arretrate e gestire la costruzione delle fortificazioni. Originariamente, quindi, le unità del *Volkssturm* non avrebbero dovuto essere schierate al fronte nel quadro delle operazioni dell'esercito, infatti la loro missione poteva essere considerata simile a quella della *Home Guard* britannica.

Una volta che il nemico ebbe messe piede nel territorio del Reich, la situazione di emergenza che si venne a creare, rese necessario l'impiegare le unità del *Volkssturm* come forze combattenti al fronte in maniera crescente, anche se il *Volkssturm* non aveva i mezzi per adempiere a questo servizio. Una volta schierate al fronte, le difficoltà generate dalla divisione del comando divennero insormontabili. Indubbiamente il *Volkssturm* avrebbe dovuto venire organizzata e gestita come parte dell'esercito, ma tutti i tentativi in questo senso fatti dal Colonnello generale Guderian risultarono vani.

▲ La marcia dei Volksstrum che sfila di fronte a Goebbels, padre della nascente formazione militare
The Volksstrum march in front of Goebbels, father of the emerging military formation.

A Berlino il *Volkssturm* era suddiviso in due categorie, definite *Volkssturm I* e *Volkssturm II*; il *Volkssturm I* aveva solo alcune armi, mentre il *Volkssturm II* non ne aveva affatto ed era intesa solo come una riserva di manodopera per il *Volkssturm I*. In fase di pianificazione, l'uso di queste forze prevedeva che la *Volkssturm I* si sarebbe schierata in una posizione avanzata, ad esempio lungo il perimetro cittadino, mentre il *Volkssturm II* si sarebbe schierato in posizione arretrata per servire come forza di sicurezza e riserva per rimpiazzare le perdite: questo piano fu in effetti eseguito in alcuni settori.

Il *Volkssturm* era composto da uomini che avrebbero potuto portare le armi in caso di emergenza, ma non erano fisicamente adatti al servizio militare effettivo, il loro raggio di età superava spesso i sessant'anni. Tra i membri del *Volkssturm* si trovavano uomini che non avevano alcuna esperienza militare e veterani delle Prima Guerra Mondiale, questi ultimi si distinsero spesso per il loro alto senso del dovere. Il *Volkssturm* era costituito in Compagnie e Battaglioni, e i comandanti delle unità erano nominati direttamente dal Partito, essi erano infatti considerati parzialmente come Ufficiali della Riserva, e parzialmente come funzionari di partito. In un caso, un Ufficiale di Stato Maggiore che era stato espulso dall'Esercito da Hitler si ritrovò come soldato semplice a servire sotto un comandante che non aveva mai avuto un vero grado militare.

Il *Volkssturm* era organizzato su base locale. Tutti gli abitanti maschi di una località o di un quartiere cittadino erano raggruppati per formare un Battaglione. Quando non erano impegnati in combattimento, questi uomini continuavano la loro normale attività lavorativa, vivevano con le loro famiglie e consumavano i pasti nelle proprie case.

La forza delle Compagnie e dei Battaglioni dipendeva dalla disponibilità di uomini in una data area; a Berlino ogni Battaglione comprendeva tra i 600 e 1.500 uomini.

B: Addestramento

Prima di essere assegnati al servizio effettivo, i membri del *Volkssturm* venivano addestrati nei fine settimana o di sera tra le 17:00 e le 19:00, a meno che non fossero impegnati nei lavori di costruzione delle fortificazioni. L'addestramento verteva nell'imparare l'uso di fucili e mitragliatori, qualora queste armi fossero state disponibili, solo in alcune unità venne effettuato l'addestramento al fuoco con proiettili veri. I comandanti ricevevano le istruzioni e prendevano familiarità con i loro doveri di combattimento locali. Venivano anche organizzati dei corsi di addestramento di tre giorni nei campi delle SA. Il grado di addestramento, pertanto, variava enormemente da unità ad unità, ma era generalmente insufficiente.

C: Equipaggiamento ed armamento

L'uniforme dei membri del *Volkssturm* consisteva in una fascia da portare al braccio sopra i loro normali vestiti civili, e il loro armamento era tanto vario quanto inadeguato. Alle unità del *Volkssturm* venivano distribuiti dei fucili e in alcuni casi anche delle mitragliatrici. Queste armi includevano modelli di vari paesi europei, tra i quali cechi, belgi e italiani; solo poche unità avevano a disposizione dei fucili tedeschi. Il rifornimento di munizioni molto spesso era ridotto a soli cinque colpi per fucile, e in alcuni casi le munizioni date non erano adatte al fucile in dotazione. Non era stato distribuito alcun tipo di armi pesanti, ed era disponibile solo un piccolo numero di *Panzerfaust*. A parte i già menzionati trenta Battaglioni, che erano relativamente ben armati, il nucleo del *Volkssturm* era praticamente disarmato. A nessuna unità del *Volkssturm* furono assegnati degli apparati per la comunicazione.

Le razioni alimentari per il *Volkssturm* dovevano venire fornite dalla popolazione locale, anche durante i combattimenti, ma si trattava generalmente di razioni inadeguate alle necessità. Le unità del *Volkssturm* non avevano delle proprie cucine da campo né veicoli per il rifornimento alimentare, cosicché al di fuori della propria area di reclutamento le unità si trovavano praticamente senza alcun rifornimento di cibo.

▲ Armati di panzerfaust questi tre poveri vecchietti avrebbero dovuto fermare le armate corazzate sovietiche.
Armed with panzerfaust, these three poor old men would have to stop Soviet armored armies.

D: Valore di combattimento

Il valore di combattimento del *Volkssturm* contro le esperte e ben equipaggiate unità dell'Armata Rossa, nonostante la volontà di combattere che era spesso presente, era praticamente nullo. Questo non vuol dire che distaccamenti del *Volkssturm* non combatterono con estremo coraggio e valore quando si trovarono impegnati in duri scontri, pur tuttavia il nucleo del *Volkssturm* rimase semplicemente nelle proprie case. Alcune unità completamente disarmate vennero sciolte da comandanti militari con una chiara visione della situazione. In alcuni posti, comunque, dove i sovietici attaccarono con poca convinzione e le unità del *Volkssturm* furono in grado di prendere possesso delle posizioni difensive, furono in grado di rallentare l'avanzata nemica per alcuni giorni.

3: LE FORZE DI DIFESA LOCALE, LE ACCADEMIE, LE UNITÀ DI RIMPIAZZO E LE UNITÀ PER LA PROTEZIONE DEGLI IMPIANTI.

A: Le forze di difesa locale

All'inizio di gennaio, a Berlino furono organizzati un certo numero di Battaglioni per la difesa locale, composti da uomini in servizio militare che non erano in grado di adempiere al servizio in prima linea. Questi erano armati con fucili e alcune mitragliatrici, perlopiù armi catturate al nemico, e avevano a disposizione un piccolo quantitativo di munizioni. La loro funzione e di sorvegliare i ponti, le stazioni ferroviarie, i campi militari e i prigionieri di guerra.

All'inizio di febbraio, alcuni di questi Battaglioni vennero trasferiti al fronte sull'Oder, mentre altri trasferivano verso occidente i prigionieri di guerra che si trovavano dentro e fuori Berlino. Solo un piccolo numero di Compagnie partecipò ai combattimenti in città, ma il loro valore in combattimento era comunque molto limitato.

B: Accademie

A Berlino si trovava una scuola per tecnici militari e una scuola per Aspiranti Ufficiali. I corsi si erano svolti in maniera discontinua e gli staff permanenti delle scuole vennero assegnati alla parte meridionale della città. Il personale delle scuole che si trovavano nei dintorni di Berlino a Zossen, Wuensdorf, Doeberitz, Gatow e in altri distretti, vennero per la maggior parte assegnati al combattimento fuori città.

C: Truppe di Rimpiazzo

Le unità di rimpiazzo (*Ersatz*) dell'Esercito erano state impiegate a febbraio per costituire i contingenti freschi da inviare sul fronte dell'Oder. All'inizio di aprile, un gran numero di uomini della *Luftwaffe* erano stati messi a disposizione del Gruppo d'Armate "Vistola", come unità di rimpiazzo. Dal momento che mancavano del necessario addestramento al combattimento a terra e il loro armamento era inadeguato, questi uomini vennero assegnati alle retrovie o alle posizioni difensive avanzate. Il loro valore in combattimento si può considerare trascurabile.

D: Unità per la protezione degli impianti

Ogni grande impianto industriale e i sistemi ferroviario e postale, avevano a disposizione alcune compagnie per la protezione degli impianti. Queste unità, armate con dei fucili, vennero organizzati in Battaglioni e inviati in linea di combattimento. Il loro valore combattivo era comunque minimo.

4: LE UNITÀ DI ALLERTA

Il personale degli uffici militari e i loro staff, vennero organizzati in "Compagnie di allerta". La stessa denominazione fu data a Compagnie formate da convalescenti o dai numerosi sbandati che la polizia militare e le unità per il rastrellamento degli sbandati riuscivano a radunare. Questi soldati erano poco armati e il loro spirito combattivo era generalmente molto basso. Gli sbandati, infatti, potevano essere tenuti insieme solo con l'applicazione di severissime misure punitive.

Verso la fine della battaglia, nelle cantine e nei bunker, vennero trovati migliaia di soldati senza la volontà di combattere. Questo dimostra ancora una volta che non sono i soldati anonimi a combattere, ma quei soldati che conservano il senso della propria identità attraverso una stretta associazione con i propri camerati e i propri Ufficiali.

5: LE WAFFEN-SS

Le unità delle SS che si trovavano a Berlino vennero organizzate dal *Brigadefuhrer* Mohnke in unità ben armate con il morale buono e dall'elevato valore combattivo. Questa Brigata formata da diverse migliaia di uomini venne assegnata alla difesa del Settore Governativo.

6: LE FORZE D'ARTIGLIERIA LOCALI PERMANENTI

Quando il 19 marzo il Tenente Colonnello Platho, assunse il comando dell'Artiglieria dell'Area di Difesa di Berlino, avendo a sua disposizione sette Batterie d'artiglieria leggera e sette Batterie d'artiglieria pesante. Tutti i cannoni erano di produzione straniera, e ogni Batteria aveva a sua disposizione tra i 100 e i 120 proiettili; all'inizio non c'erano né trattori né camion, ma in seguito fu possibile reperire due trattori.

▲ Soldati tedeschi (Panzergrenadier con Panzerfaus e waffen-ss sturmmann)
German Soldiers (Panzergrenadier with Panzerfaus and waffen-ss sturmmann)

▲ Soldati tedeschi (Fallschirmjäger con MG34)
German soldiers (Fallschirmjäger with MG34)

Tra i comandanti delle Batterie si trovavano tre Ufficiali pagatori che non avevano mai servito in artiglieria prima di allora, ma avevano completato un breve corso d'artiglieria in cui ognuno di loro aveva sparato una volta sola. I serventi dei cannoni erano formati da elementi di disparati reparti dell'Esercito, pochi dei quali erano artiglieri, e da elementi del *Volkssturm*.

Non esistevano Stati Maggiori di Reggimento o di Gruppo.

Una linea telefonica tra i punti di osservazione e le Batterie era gestita dalle donne del Servizio Ausiliario della Contraerea. Gli ordini erano trasmessi alle Batterie utilizzando la linea telefonica della più vicina postazione della contraerea. Oltre a questa linea, non esistevano altri apparecchi telefonici né radio.

Il primo sbarramento ordinato dal tenente Colonnello Platho fu applicato in maniera discontinua perché la poca precisione delle Batterie metteva in pericolo i posti di osservazione.

Nel breve tempo disponibile, il comandante dell'artiglieria riuscì ad aumentare il numero delle Batterie disponibili a venti, utilizzando i cannoni rinvenuti nei magazzini e nelle varie scuole.

Alcuni ufficiali d'artiglieria vennero resi disponibili e assegnati o direttamente alle Batterie, o come ufficiali di collegamento presso i comandanti di settore per sostituire gli Stati Maggiori mancanti. Gli equipaggi dei cannoni di fabbricazione tedesca erano costituiti da ex operatori dei riflettori dell'antiaerea che non avevano mai combattuto con dei cannoni prima d'ora. Le riserve di munizioni per questi cannoni non erano più abbondanti di quelle disponibili per i cannoni di fabbricazione straniera.

7: DIFESE CONTROCARRO

Per la difesa controcarro era disponibile un Battaglione demolizione carri, relativamente esperto, formate da tre Compagnie ed equipaggiato con delle *Volkswagen* su ognuna delle quali si trovava una rastrelliera per sei razzi anticarro. Non può essere determinato con certezza se questo battaglione fu impiegato a Berlino, o fu tra quelle unità che vennero trasferite nelle posizione difensive avanzate.

8: L'ARTIGLIERIA CONTRAEREA

A Berlino si trovava acquartierata la 1ª Divisione *Flak* del Maggiore Generale Sydow, il cui Quartier Generale era nella posizione di controllo antiaereo vicino allo Zoo.

C'erano a disposizione quattro Reggimenti contraerei formati da quattro o cinque Gruppi (con mitragliere da 20 mm e cannoni da 128 mm). Alcune Batterie con cannoni più vecchi e di provenienza straniera venivano impiegati per il fuoco di sbarramento. Prima dell'inizio della battaglia, un Reggimento di riflettori era disperso in tutta la città.

Le difese antiaeree erano centrate intorno alle tre torri contraeree (*Flakturm*), situate rispettivamente nei pressi dello Zoo, a Humboldthain e a Friedrichshain: ogni torre era dotata di Batterie fornite ognuna di sei cannoni da 128 mm, mentre sulle terrazze delle torri si trovavano 12 mitragliere da 20 mm. Il munizionamento era adeguato alle necessità.

Durante il combattimento le torri divennero dei vitali centri di controllo per l'artiglieria; ogni torre era dotata di un collegamento telefonico sotterraneo.

Altre Batterie contraeree avrebbero dovuto venire sistemate lungo il perimetro della città. Questo piano fallì soprattutto perché le Batterie erano state precedentemente installate in postazioni di cemento, il che rendeva difficile spostarle nelle nuove posizioni. Inoltre le unità dell'antiaerea di Berlino non erano addestrate al combattimento a terra: in un caso, di cui fu testimone il Generale Reymann, durante delle prove di tiro su bersagli sistemati nel lago Muggelsee, gli artiglieri non colpirono neanche il lago. In base a questi dati si può affermare che il valore difensivo della batteria antiaeree fosse molto limitato, e in molti casi vennero rapidamente sopraffatte dai carri e dall'artiglieria sovietica. Un gruppo di combattimento formato su due Gruppi antiaerei schierati nell' aeroporto di Tempelhof riuscì a trattenere il nemico per due giorni, fino a quando i sovietici non sfondarono dalla parte opposta rispetto a dove erano schierate le Batterie. I cannoni rimanenti vennero quindi fatti saltare, e i serventi superstiti si ritirarono e vennero impiegati come semplice fanteria.

9: LA GIOVENTÙ HITLERIANA

Oltre a partecipare alla battaglia come ausiliari della *Flak* o in piccole unità affiancate ai battaglioni dell'esercito o della *Volkssturm*, la Gioventù Hitleriana organizzo i propri Battaglioni autonomi. Alcuni battaglioni furono riuniti per formare la Brigata Axmann e furono impiegati in operazioni controcarro a est del perimetro cittadino. Erano armati solo di fucili e *Panzerfaust*.
La forza totale della Gioventù Hitleriana a Berlino è sconosciuta. Nella parte occidentale della città, alcuni Battaglioni combatterono sotto il comando del Capo della Gioventù del Reich nella torre radio del settore, e vicino Pickeldorf, dove riuscirono a mantenere una testa di ponte. Il coraggio e l'entusiasmo dimostrato riuscivano tuttavia solo in parte a sopperire alle carenze nell'addestramento e nell'armamento.

▲ "L'ultima speranza" coraggiosi e impavidi questi sfortunati ragazzi vissero la loro adolescenza in anni difficili.
"The last hope" brave and determined these unlucky boys lived their adolescence in the wrong years.

III IL *LVI PANZERKORPS*

Il *LVI Panzerkorps*, al comando del Generale d'Artiglieria Weidling, venne trasferito a Berlino il 24 aprile 1945. Il capo di stato maggiore del Corpo era il Colonnello (SM) von Duffing, altri membri dello stato maggiore erano: Il capo delle operazione, Maggiore (SM) Knabe, il Capo dell'ufficio rifornimenti, Maggiore (SM) Wagner e il comandante dell'Artiglieria del Corpo, Colonnello Woehlennann.

Le seguenti unità erano presenti a Berlino sotto il comando del *LVI Panzerkorps*:

1: La *20. Panzer-Grenadier-Division*. Questa Divisione aveva sofferto pesanti perdite in uomini e materiali durante i combattimenti sull'Oder, e il suo valore di combattimento era di conseguenza molto basso.

2: La *Panzer-Division "Muenchemberg"* (Comandante il Maggiore Generale Mummert). Questa Divisione venne riorganizzata durante la primavera a Doeberitz e battezzata "Doeberitz", in seguito si fu costretti a rinominarla per evitare confusione con la divisione di fanteria omonima. In seguito ai duri combattimenti sull'Oder la Divisione giunse a Berlino con solo la metà della sua forza autorizzata e non più di venti carri; era un'unità provata dall'azione, ma ancora in grado di combattere.

3: La *18. Panzer-Grenadier-Division* (Comandante il Maggiore Generale Rauch). Riattivata nella primavera del 1945, questa Divisione aveva approssimativamente lo stesso valore in forza e spirito combattivo della "*Muenchenberg*".

4: La *SS-Panzer-Grenadier "Nordland"* (Comandante il *Gruppenfuhrer* delle SS Ziegler). Formata con soldati provenienti dalla Scandinavia. Era inferiore in forza e in valore di combattimento alla "*Muenchenberg*".

5: Il 408° *Volks-Artillerie-Korps*. Quest'unità era composta da quattro Gruppi di artiglieria leggera, due Gruppi di artiglieria pesante armati con cannoni sovietici catturati da 152mm e un Gruppo di obici con quattro obici. Circa il 60% dei pezzi d'artiglieria furono portati a Berlino anche se praticamente senza munizioni.

6: I resti di altre unità di combattimento, inclusi elementi della 9ª Divisione Paracadutisti e della *SS-Grenadier-Division "Nederland"*. Queste unità avevano poca forza combattiva e un basso valore di combattimento.

IV: L'AVIAZIONE

Unità della *Luftwaffe* entrarono in combattimento dentro e fuori Berlino nei primi giorni di combattimento, in formazioni di 40 o 60 aeroplani, prendendo parte alle operazioni e ricevendo istruzioni direttamente dal Capo di Stato Maggiore della *Luftwaffe*.

V. CONCLUSIONI

1: Potenza di combattimento

Numericamente, un rapido sguardo alle forze presenti in città dava i seguenti dati: il *LVI Panzerkorps* aveva una forza equivalente a quella di due Divisioni, le forze delle *Waffen-SS* a circa mezza Divisione, e tutte le altre forze in città da due a tre Divisioni, in totale da quattro a cinque Divisioni.

La città conteneva da 50 a 60.000 uomini e circa 60 carri armati.

Non ci sono dati che indicano il numero effettivo delle perdite sostenute, ma esse furono ovviamente molto alte a causa della natura del combattimento urbano.

Le "Altre Forze" il cui numero sopra è stato stimato in due/tre Divisioni, erano per la maggior parte resti di unità appartenenti a varie Forze Armate, Compagnie della *Volkssturm*, unità di allerta, membri della Gioventù Hitleriana, parti di unità sbandate provenienti dal fronte, e unità delle SS che si trovavano schierate a intermittenza fianco a fianco sul campo di battaglia senza avere una gestione comune degli scontri. Un Battaglione lettone appartenente a questa categoria passò immediatamente al nemico. L'unità adiacente era spesso sconosciuta, e altrettanto spesso virtualmente irraggiungibile se non tramite staffette che impiegavano ore per percorrere poche centinaia di metri nelle strade ingombre di detriti. Non c'erano armi pesanti e solo qua e là si poteva vedere qualche postazione controcarro o antiaerea. La capacità di unità di ottenere cibo e munizioni, dipendeva largamente dall'abilità o dall'ingenuità del comandante.

2: Spirito combattivo

Lo spirito combattivo era largamente sostenuto dalla paura dei sovietici e dalla speranza, chiaramente creata dall'impianto propagandistico di Goebbels, per il cambio di fronte degli alleati occidentali, e per il lancio di potenti contrattacchi tedeschi. D'altro canto, la durezza dei combattimenti, e il prolungarsi della lotta insieme alla disperazione per il rapido deteriorarsi della situazione, provocavano affaticamento e letargia, e la pressione nervosa spesso diventava insostenibile.

Verso la fine della battaglia, l'uomo che ancora teneva in mano un'arma lo faceva spinto sia dal senso del dovere, che dalla forza della disperazione. Si possono vedere molti esempi di coraggio tra membri appartenenti a varie unità, le *Waffen-SS*, l'Esercito, la *Volkssturm*, la Gioventù Hitleriana. Tra coloro che continuavano a combattere, il numero di quelli che vedevano la resa come un tradimento o che erano nazisti fanatici era molto basso. Tuttavia, quando vennero iniziati i colloqui per la resa, alcuni parlamentari come il Colonnello Woelhermann furono minacciati di morte.

Nel complesso la condotta della popolazione civile fu esemplare. Tuttavia, alcuni veterani riportano che nei quartieri orientali, dove era sempre stata forte la presenza comunista alcuni elementi della popolazione fraternizzarono con i sovietici e presero le armi con loro.

▲ Goebbels decora il giovane Willi Hübner, eroe della Gioventù Hitleriana
Goebbels decorates the young Willi Hübner, hero of Hitler's Jugend

▲ Truppe ausiliarie combattano fianco a fianco con SS altamente addestrate e fanatiche
Auxiliary troops fought together with highly trained and fanatical SS

5 - I RIFORNIMENTI

I: MUNIZIONAMENTO

Secondo un rapporto del Capo Tecnico della Logistica Schmidt, a Berlino, prima della battaglia, esistevano tre grandi depositi di munizioni: il Deposito Martha, nel Parco del Popolo di Hasenheide (nella zona sud della città), il Deposito Marte, nel Parco Grunenwald sul Teufelssee (nel settore occidentale), e il deposito Monika nel Parco del Popolo Jungfemheide (nel settore Nord Ovest). Prima dell'inizio dei combattimenti questi depositi erano pieni all'80%. Quantità più piccole di munizioni erano sistemate in piccoli depositi nell'area del Tiegarten.

Con l'avvicinarsi della minaccia sovietica da nord i 2/3 delle munizioni contenute nel Deposito Monika vennero trasferito utilizzando dei cavalli al Deposito Marte. Sia il Deposito Marte che il Deposito Martha caddero in mano sovietica il 25 aprile.

Quando chiesi esplicitamente ragguagli sulla dotazione di munizione al Comandante dell'Artiglieria dell'Area di Difesa, il Colonnello Platho affermo esplicitamente che non era a conoscenza dell'esistenza dei tre depositi sopra menzionati, i motivi della sua ignoranza, non possono essere determinati dall'autore di questo testo. Da una parte infatti, i rapporti dei combattimenti indicano una cronica mancanza di munizioni, cosa che del resto fu una caratteristica della battaglia di Berlino, d'altra parte non esiste motivo per dubitare delle parole del Capo Tecnico Schmidt, che era un membro dello staff amministrativo dedicato al munizionamento, specialmente dal momento che l'esistenza di questi depositi è confermata da un altro rapporto.

È possibile che nei depositi non vi fossero conservate le munizione per le armi di provenienza straniera, che costituivano la maggior parte delle armi in dotazione alla *Volkssturm* e dell'artiglieria permanente locale. C'è anche la possibilità che questi depositi fossero chiusi fino al momento in cui la città non venne circondata, per prevenire che le munizioni venissero distribuite agli altri fronti e che poco dopo l'accerchiamento in città e il ritiro nella stessa del *LVI Korps* (dotato di armi di produzione tedesca) i depositi siano caduti in mano sovietica. Questi tentativi di spiegazione possono venire supportati da un rapporto sulla situazione del comando.

La carenza di munizioni è un fatto inequivocabile, nonostante il fatto che all'inizio fossero disponibili dei depositi ben forniti. I dati sulle munizioni forniscono un'altra conferma dell'assenza di un piano di difesa coordinato e completo. Numerosi depositi più piccoli sistemati nel cuore della città sarebbero stati più utili di tre grandi depositi nei sobborghi.

II: Carburante

Al momento non sono disponibili dati certi sulla situazione dei rifornimenti di carburanti. Il carburante fu così limitato tuttavia, che si dovette sospendere l'uso delle pale meccaniche per la costruzione di fortificazioni, e fu impossibile fornire il trasporto motorizzato delle unità. In certi casi i carri armati dovettero venire interrati e usati come postazioni fisse a causa della mancanza di carburante.

III: Cibo

A Berlino, in aggiunta ai magazzini alimentari per i civili, esistevano dei ben forniti depositi alimentari della *Wehrmacht*. Tuttavia i piani fatti per una rapida distribuzione delle scorte furono rapidamente annullati dallo sviluppo degli eventi.

Un grande deposito alimentare della *Wehrmacht* si trovava fuori l'anello esterno di difesa, presso Klein-Machnow, sulla sponda meridionale del canale Teltow. Non venne fatto alcun piano per lo svuotamento rapido e la distribuzione dei rifornimenti contenuti in questi deposito, al contrario, anche quando il primo carro sovietico si trovò a poche centinaia di metri dal deposito, l'ufficiale dell'esercito responsabile dell'amministrazione del deposito si rifiutò di distribuire le razioni ai militi della *Volkssturm* schierati sulla sponda nord del canale perché non era stato compilato l'apposito modulo regolamentare. I rifornimenti vennero incendiati all'ultimo momento, dal momento che i preparativi per la loro distruzione erano stati portati avanti con largo anticipo. In molti posti quindi le truppe si ritrovarono a corto di razioni, mentre in altri le truppe si rifornivano dai depositi situati nel loro settore di competenza.

IV: Acqua

A causa della distruzione del sistema idrico cittadino durante i combattimenti si registrò una carenza d'acqua in molti settori. Era possibile, comunque, per le truppe rifornirsi d'acqua nei pozzi e nei canali della città.

MISURE PER LA SICUREZZA DELLA POPOLAZIONE CIVILE

Non è noto l'esatto numero dei civili che, al momento dell'accerchiamento, erano presenti a Berlino. A causa dell'evacuazione su larga scala, di donne vecchi e bambini durante i raid aerei del 1943, la popolazione originaria di circa 4.5 milioni di abitanti era scesa a 2.5 milioni. Tuttavia un gran numero di persone che erano state evacuate verso est rientrarono a Berlino sotto la pressione dell'Armata Rossa, un gran numero di rifugiati delle regioni orientali fu anche essa sistemata in città.
Non fu mai presa in considerazione la possibilità di un evacuazione su larga scala della popolazione. Gli abitanti venivano incoraggiati a rimanere dove si trovavano perché sarebbe stato impossibile trovare un luogo sicuro per tutti. D'altro canto chi desiderava abbandonare la città di propria iniziativa era libero di farlo, purché ovviamente non fossero legate al lavoro negli uffici nelle fabbriche o nella *Volkssturm*.
Si può stimare pertanto il numero di abitanti a Berlino al momento dell'accerchiamento tra i 3 e i 3.5 milioni.
Numerosi depositi alimentari erano stati creati in tutta la città per rifornire la popolazione del cibo necessario. Nonostante la distruzione di molti depositi da parte delle forze tedesche o durante i combattimenti, al termine della battaglia dovevano trovarsi in città ancora grosse riserve alimentari, e nonostante il saccheggio deliberato da parte delle forze sovietiche e dei lavoratori stranieri liberati, fu comunque possibile sia per le truppe sovietiche che per la popolazione civile, vivere per diversi mesi con il contenuto di questi depositi, anche se bisogna ammettere che la popolazione ricevette solo lo stretto necessario per sopravvivere.
I rapporti non danno un quadro chiaro, se, per diverse settimane, le razioni vennero o meno distribuite alla popolazione, apparentemente questa misura venne presa in alcune zone della città e non in altre. Anche durante i combattimenti lunghe file di civili si formavano fuori dai depositi per prelevare la propria razione.
Un problema particolare era dato dai circa 120.000 neonati della città. Quando il Generale Reymann chiese a Hitler chiarimenti a riguardi, egli negò l'esistenza di questi bambini in città. Questa risposta è indicativa dell'ignoranza di Hitler sulle condizioni della sua stessa capitale che lui vedeva solo attraverso la lente deformante del *Führerbunker*.
Il Dr. Goebbels riferì al Generale Reymann, che in città si trovava una quantità sufficiente di latte condensato e che inoltre in caso di accerchiamento le mucche degli allevamenti nei nei sobborghi cittadini sarebbero state portate in città. Lui non diede comunque risposta su come sarebbero state nutrite le mucche.
I piani realizzati per nutrire la popolazione vennero rapidamente rese inefficaci dal fatto che la maggior parte dei depositi si trovavano nei sobborghi cittadini e caddero rapidamente in mano sovietica.
Vennero fatti alcuni tentativi di assicurare il rifornimento idrico, anche dopo la distruzione degli

acquedotti, con lo scavo di pozzi e l'uso delle riserve dei vigili del fuoco.

OSSERVAZIONI CONCLUSIVE

Un filo conduttore che possiamo trarre attraverso tutti i capitoli è dato dal fatto che Berlino era largamente impreparata ad affrontare una battaglia.

Non di meno lo svolgimento della battaglia dimostra come il combattimento all'interno di una grande città sia estremamente difficile non solo per i difensori ma anche per chi attacca con una forza largamente superiore. L'esperienza tratta da Stalingrado, Königsberg e altre grandi città venne confermata a Berlino.

Dalla battaglia di Berlino possiamo trarre le seguenti lezioni.

1: L'abilità di una grande città di difendere se stessa dipende non tanto non tanto da quante posizioni difensive siano state preparate in precedenza, ma dall'estensione della città stessa. Più grande sarà l'estensione della distruzione portata dall'artiglieria o dai bombardamenti aerei, più facile sarà difenderla.

2: L'intera pianificazione e gestione della difesa deve essere posta nelle mani di un singolo e pienamente responsabile comandante. Tutte le più alte agenzie non necessarie alla difesa della città devono essere immediatamente evacuate prima dell'inizio dei combattimenti.

3: I piani devono essere preparati in anticipo, in modo che sia possibile attuarli nel momento giusto. Questo sia applica sia alla costruzione di fortificazioni, che alla gestione delle truppe e all'amministrazione e distribuzione dei rifornimenti.

▲ Alla fine ai berlinesi non rimase che procurarsi cibo dalle carcasse degli animali morti.
At the end, the Berliners were forced to procure food from the carcasses of dead animals.

4: Le forze difensive devono essere formate da unità di prima classe. Truppe di valore combattivo inferiore non sono adatte al combattimento casa per casa. A queste unità devono essere date istruzioni sulle particolarità del combattimento urbano in grandi città, con uno stile di combattimento da commando, combattimento ravvicinato, cecchini sui tetti e difesa contro le infiltrazioni del nemico. Devono essere presenti riserve sufficienti per i contrattacchi e il rimpiazzo delle perdite.

5: Le seguenti armi si sono provate efficaci: armi da combattimento ravvicinato di tutti i tipi, *Flak* sia contro bersagli aerei che terrestri, carri armati e cannoni d'assalto per la difesa controcarro e il contrattacco. È inoltre necessario un ampia fornitura di apparecchi radio.

6: Gli abitanti devono essere evacuati, anche se in città deve rimanere un numero di persone sufficiente a portare avanti quelle attività vitali, come lo sgombero di macerie e la distribuzione dei rifornimenti, oltre che i lavori di officina e riparazione. Questa parte della popolazione deve essere subordinata al comandante della difesa. Un particolare supporto psicologico deve essere fornito alla popolazione civile.

7: È essenziale un forte e affidabile servizio di polizia militare.

Anche se dal punto di vista strategico, la battaglia di Berlino non è stata molto esaminata, in quanto è stato preferito esaminare gli aspetti tattici e tecnici delle operazioni, possiamo comunque trarne le seguenti considerazioni: Da tutti i punti di vista i piani per la difesa di Berlino erano incompleti e incoerenti. La ragione principale fu data dall'assoluta mancanza di materiale umano e di risorse adeguate alla dimensione dello scontro, oltre che dall'assenza di una chiara organizzazione, che come abbiamo dimostrato è un elemento primario per la conduzione delle operazioni belliche.

▲ Disastro in Oranienstrasse...
Disaster in Oranienstrasse...

APPENDICI

I: COMBATTIMENTI DENTRO E FUORI BERLINO (16-22 APRILE 1945)

Prima dell'inizio dell'offensiva sovietica, vennero tenute in riserva alle spalle del fronte dell'Oder una Divisione corazzata e quattro Divisioni *Panzergrenadier*. Queste unità avevano sofferto gravi perdite nei precedenti combattimenti, e non erano ancora pienamente ricostituite. Due di queste unità, le Divisioni delle SS *"Nordland"* e *"Nederland"*, erano composte per la maggior parte da personale non di origine tedesca.

Tra il 12 e il 15 aprile il nemico provvide ad allargare la testa di ponte di Kuestrin in preparazione dell'assalto principale. Fu necessario, già in questa fase schierare in linea di combattimento la divisione corazzata *"Muencheberg"*.

Il 16 Aprile i sovietici iniziarono la loro offensiva su larga scala attaccando dalla testa di ponte di Kuestrin e attraverso il fiume Neisse nel settore Forst-Guben, contro le posizioni tenute dalla IV Armata *Panzer* del Gruppo d'Armate Schoerner. Anche se il fronte dell'Oder riuscì a mantenere la sua unità nel corso di tutta questa prima giornata, alcune unità erano sottoposte a una tale pressione che fu necessario trarre dalla riserva la 25. Divisione *Panzer-Grenadier* per supportare la linea del fronte.

Tra il 17 e il 18 aprile il nemico riuscì a penetrare con successo nelle linee difensive tedesche, le cui forze nella zona della testa di ponte iniziarono ad indebolirsi sensibilmente. Per questo motivo il trasferimento delle riserve al fronte fu accelerato, il 18 aprile venne schierata la *18. Panzer-Grenadier-Division*, seguita quasi immediatamente dalla *"Nordland"* e da elementi della *"Nederland"* di conseguenza dopo questa data non fu più possibile lanciare dei contrattacchi a causa della mancanza di sufficienti riserve. Il *LVI Panzerkorps* schierato ad est di Berlino poteva solamente ritardare l'avanzata sovietica arretrando combattendo passo dopo passo.

La punta d'attacco nel settore tra Forst-Gruben riuscì ad aprirsi la strada nelle difese tedesca e avanzare in campo aperto. Le forze sovietiche in avanzata da questo settore effettuarono una conversione verso nord minacciando così il fianco e le retrovie della 9ª Armata e la stessa Berlino da sud. Per affrontare questa minaccia venne schierata la Divisione *Jahn*, un unità ancora in corso di formazione con elementi provenienti dal Servizio del Lavoro del Reich. La Divisione venne schierata su ordine dell'Alto Comando dell'Esercito, lungo una linea di quaranta chilometri a sud e intorno a Baruth. Questo era il cosiddetto Gruppo d'Armate "Sprea". Il 20 aprile i sovietici sfondarono questa debole linea difensiva raggiungendo Zossen il 21 e i sobborghi meridionali di Berlino il 22. Alcuni elementi della Divisione *Jahn* si ritirarono a Postdam.

L'Ala meridionale del 1° Gruppo d'Armate sovietico [in realtà si tratta dell'8ª Armata della Guardia del Generale Chujkov, la stessa che aveva difeso Stalingrado, NdT] avanzando dalla testa di ponte di Kuestrin svoltò verso sud lungo la linea Erkner-Froncoforte sull'Oder. Il centro del gruppo d'armate ingaggio il *LVI Panzerkorps* che venne respinto verso Berlino dopo duri combattimenti. L'ala nord del gruppo d'armate invece incontrò poca resistenza e raggiunse Werneuchen il 21 aprile, mentre il giorno seguente le sue unità avanzavano verso Bernau e il fiume Havel verso Henningsdorf a nord di Spandau, incontrando una debole resistenza.

Per proteggere il fianco meridionale della III Armata *Panzer*, che stava ancora tenendo il fronte lungo il corso meridionale dell'Oder, Il Gruppo d'Armate "Vistola" aveva in precedenza preparato diverse unità di sicurezza lungo il canale Finow fino ad Oranienbaum, queste forze consistevano in alcuni battaglioni della polizia e unità di rimpiazzo della *Luftwaffe*. Il 19 aprile una Divisione da campo della *Kriegsmarine* aveva iniziato a muoversi da Swinemunde verso Oranienburg. A causa della distruzione

▲ Pianta del bunker della Cancelleria del Terzo Reich. Ultima dimora di Adolf Hitler.
Third Reich Chancellery bunker plant. The last refuge of Adolf Hitler

della rete ferroviaria da parte dell'aviazione nemica solo due Battaglioni poterono raggiungere la zona di operazioni, arrivando in tempo per respingere un debole tentativo sovietico di attraversare l'Havel. Le forze di sicurezza situate tra Oranienburg alle vicinanze di Eberswalde vennero poste sotto il comando dell'*Obergruppenfuhrer* delle SS Steiner.

Dal momento che il Gruppo d'Armate "Vistola" non aveva a disposizione abbastanza uomini per tenere il settore tra Oranienburg a Spandau venne richiesto all'Alto Comando dell'Esercito di mettere questi uomini a disposizione. A questo scopo venne costituita la cosiddetta "*Brigata Mueller*" formata dai resti di alcuni Battaglioni provenienti da Doeberitz. Queste forze o non raggiunsero l'Havel o offrirono poca resistenza, dal momento che i sovietici riuscirono a superare il fiume occupandone la sponda occidentale e trovandosi in posizione per accerchiare Berlino da Ovest. Quello stesso giorno il 22 aprile, forze sovietiche raggiunsero il perimetro della città tra Pankow e Weissensee provenendo da Nord Ovest.

Commento:

Il collasso del fronte sull'Oder fu un inevitabile conseguenza della superiorità numerica e materiale dell'Armata Rossa. Le forze di riserva disponibili erano troppo deboli e anche se fossero state radunate in unico nucleo alla luna sarebbero state troppo deboli per potere ottenere un successo. Anche se il nucleo delle forze tedesche combatté valorosamente, il completo fallimento di singole unità mostra che il morale delle forze tedesche non era uniformemente alto. Appare, inoltre, necessario tenere conto non solo della carenza di materiale di ogni genere, ma anche della mancanza di ogni tipo di supporto aereo, inoltre molte delle vecchie unità così come delle nuove aveva al suo interno un gran numero di personale inesperto.

Hitler credeva che l'attacco attraverso la Neisse, avrebbe avuto come obbiettivo Praga passando attraverso Dresda. Invece la principale forza d'attacco venne diretta verso Berlino. A causa di questi sviluppi, Hitler, sbagliò gravemente, quando, nonostante le proteste del Gruppo d'Armate "Vistola, ordinò alla 9ª Armata di resistere sull' Oder centrale. Quest' ordine fece si che sia la 9ª Armata che Berlino venissero accerchiate da sud.

Le misure di sicurezza prese lungo il canale Finow, si rivelarono dei semplici espedienti assolutamente inadeguati per la situazione a sud di Oranienburg. Per assicurare che le truppe occupassero in tempo quest'importantissima linea, l'Alto Comando dell'Esercito, avrebbe dovuto essere sicuro che le vie di comunicazione con la parte ovest di Berlino fossero mantenute aperte. Ma qui, come sul fronte meridionale, mancavano le truppe necessarie perché la 9ª Armata era bloccata lungo l'Oder.

I comandanti sovietici furono molto veloci nello sfruttare i varchi che si venivano a creare tra le linee tedesche, allargando le brecce e consentendo a vasti nuclei motorizzati e corazzati di avanzare. Loro, correttamente, valutarono come la minaccia portata alle loro punte avanzate dalle unità tedesche schierate sui fianchi fosse pressoché nulla, Tuttavia la loro avanzata verso Berlino fu molto prudente. Appare evidente come i sovietici sovrastimassero il numero di soldati tedeschi presenti nella zona oltre che la forza della posizione difensiva. Il Gruppo d'Armate "Vistola" si aspettava che i primi carri sovietici avrebbero occupato la Cancelleria del Reich il 21 o il 22 aprile. Certi generali come Rommel o Patton, non si sarebbero farti sfuggire quest'opportunità mentre il *LVI Panzerkorps* era ancora a est della città e un attacco da nord avrebbe avuto ottime possibilità di successo.

Nonostante i preparativi fatti per la difesa di Berlino, il 22 aprile la città era vulnerabile ad un potente attacco proveniente da nord, nord est, o da sud. Approssimativamente lungo sessanta chilometri del perimetro difensivo cittadino (escluso la parte occidentale che non era ancora stata attaccata), e nelle posizioni lungo il circuito ferroviario cittadini erano schierate solamente unità della *Volkssturm* o altre unità dal debole valore combattivo. Il centro amministrativo era sorvegliato dalle sole unità delle SS.

Battle of Berlin
German attempts to relieve Berlin (April - May 1945)

II: COMBATTIMENTI DENTRO E FUORI BERLINO (22-30 APRILE 1945)

Il 23 aprile i sovietici attaccarono le posizioni lungo il perimetro cittadino a sud, est e nord, riuscendo a sfondare in diversi punti, e ad est spingendosi avanti fino all'anello di difese esterne dove furono fermati solo dall'appoggio dato ai difensori dell'artiglieria della torre *Flak* di Friederichshafen.
Avanzando ad ovest attraverso Spandau ad ovest dell'Havel, i sovietici, raggiunsero Doberitz il 23 aprile, Nauen il 24 e Rathenow il 25. La sera del 23 aprile l'Armata Rossa, spingendosi a sud di Doberitz, circondò Berlino anche da ovest. Anche Postdam venne accerchiata.
La sera del 23 aprile il Generale Weidling assunse il comando della città e, la stessa notte, mosse a Berlino le truppe del *LVI Panzerkorps*. Le Divisioni vennero immediatamente assegnati ai punti cruciali della linea difensiva. I resti della 20. Divisione *Panzergrenadier* si schierarono a sud ovest, la *Panzer-Division "Muenchenberg"* a sud est, la Divisione *Panzergrenadier "Nordland"* e i resti della *"Nederland"* a est e la 18. *Panzergrenadier* nella parte settentrionale e meridionale del settore dello Zoo. Questa illustrazione dello schieramento delle unità può servire solo come traccia indicativa dal momento che la posizione e la composizione delle unità cambiava ogni giorno o addirittura ogni ora. Il *Panzerkorps* e le unità delle

SS, ora sotto il comando di Mohnke, sopportavano il peso maggiore dei continui attacchi sovietici che erano concentrati nei settori sud est, nord ed est. Ad ovest, Berlino era attaccato da forze più deboli rispetto a quelle negli altri settori, ma erano comunque nettamente superiori ai difensori. Le forze provenienti da sud, appartenenti al 1° Fronte Ucraino avevano distaccato diverse unità contro la 9ª Armata, Postdam e in seguita la 12ª Armata.

Nel corso di pesanti combattimenti le forze tedesche furono respinte all'interno del circuito ferroviario cittadini e in alcuni punti anche più all'interno. Il 30 aprile rimanevano in mani tedesche solamente il settore governativo, le immediate vicinanze del Tiergarten e una striscia di terreno a partire dal settore dello zoo fino ad arrivare al fiume Havel che in alcuni punti era ancora sotto il controllo dei difensori.

I sovietici impiegavano un accuratamente pianificata procedure d'attacco. Ogni nuovo assalto era preceduto dal bombardamento aereo e dal fuoco dell'artiglieria pesante, la fanteria era supportata da carri armati operanti sia singolarmente che in gruppo, e da squadre di genieri d'assalto armate di lanciafiamme ed equipaggiamento da demolizione. L'avanzata era effettuata per piccoli settori, strada per strada o casa per casa la fanteria sfruttava ogni opportunità per infiltrarsi tra le linee tedesche passando attraverso cortili, cantine, tunnel della metropolitana e fognature, in questo modo molti punti fortificati poterono venire attaccate da dietro o da sotto.

All'inizio i difensori fecero uso delle posizioni preparate anticipatamente. Dopo essere stati respinti da queste, nuovi posizioni vantaggiose vennero trovate negli isolati bombardati, nelle cantine e nei vari edifici. I pochi *Panzer* disponibili prendevano posizioni di tiro adeguate in mezzo alle rovine, o venivano utilizzati per dei contrattacchi locali. Dopo che i carri armati terminavano il carburante venivano messi in posizioni interrate per fungere da artiglieria controcarro. I difensori si ritiravano in modo da potere sfruttare l'appoggio dei grandi bunker antiaerei e soprattutto dell'artiglieria contraerea delle torri soprastanti, ognuna delle quali era circondata da zone fortificate. L'artiglieria mobile doveva venire posizionata negli spazi aperti come parchi e le aree ferroviarie, e verso la fine della battaglia praticamente tutti i cannoni rimasti si trovavano radunati nel Tiergarten.

COMMENTO:

Il carattere dei combattimenti di strada e il grande uso di materiale da parte dei sovietici portò ad un notevole esaurimento delle forze. Per portare avanti la lotta era necessario un costante flusso di combattenti freschi, di cui ovviamente gli attaccanti al contrario dei difensori avevano larga disponibilità.

I piani tedeschi avevano fallito nel fornire alle posizione difensive del perimetro cittadino una adeguato numero di difensori sarebbero state necessario forze più forti di quelle infine messe a disposizione dal *LVI Panzerkorps*. Dopo che Berlino venne circondata e i sovietici riuscirono a penetrare nel cuore stesso della città, sarebbe stato impossibile, anche combattendo a lungo, fermare gli attaccanti, nonostante ciò il *LVI Panzerkorps* possedeva ancora abbastanza coraggio e forza combattiva per infliggere pesanti perdite ai sovietici resistendo per più di una settimana dietro linee difensive pericolosamente estese. Dopo che i sovietici fallirono nel prendere la città al primo assalto prima dell'arrivo del *Panzerkorps*, la procedura di combattimento sistematica da essi applicata divenne necessaria.

III: GLI ATTACCHI DI SOCCORSO (24-19 APRILE 1945)

1: DA NORD

Non appena apparve imminente che i sovietici stessero per sfondare le linee tedesche nella zona di Bernau verso Wriezen, il Gruppo d'Armate "Vistola" iniziò correttamente a preoccuparsi per il fianco meridionale della 2ª Armata *Panzer*. Le misure prese per la protezione della linea del canale da

Eberswalde a Oranienburg sono descritte più sopra. Quando, il 22 aprile, i sovietici riuscirono con successo ad attraversare il canale Havel, per le retrovie del Gruppo d'armata la ritirata verso Amburgo o il Meckleburgo presentava notevoli pericoli. L'unica possibilità per contrastare questa minaccia era di lanciare un contrattacco proveniente da sud, dal canale Finow contro l'allungato fianco della punta di lancia sovietica. Quello stesso giorno, il 22 aprile, il comando del gruppo d'armate ordinò all'*Obergruppenführer* Steiner di lanciare questo attacco e per questo scopo, mise a sua disposizione sette battaglioni improvvisati. Queste forze miste non furono pronte ad attaccare fino al 24 aprile, l'attacco colse di sorpresa alcune unità di sicurezza sovietiche e si spinse avanti per circa dieci chilometri tra Zehlendorf e Klosterfelde, a questo punto i sovietici misero campo unità più forti e respinsero i tedeschi dietro il canale Finow sulle loro posizioni di partenza.

L'attacco aveva raggiunto il suo scopo di distrarre le forze sovietiche che altrimenti sarebbero state libere di avanzare ulteriormente verso ovest. Lo stesso scopo fu ottenuto mantenendo una testa di ponte a Eberswalde, testa di ponte che venne attaccata per giorni da elementi della 2ª Armata Polacca. Hitler vide in quest'operazione la possibilità di soccorrere Berlino lanciando un attacco con forze maggiori da nord, pertanto ordinò a Steiner di lanciare un offensiva verso Spandau dall'area a ovest di Oranienburg. Keitel ripetutamente diramò quest'ordine al Quartier Generale del Gruppo d'Armate. Per quest'operazione le truppe dovevano essere portate dalla linea dell'Elba, anche la 25. *Panzergrenadier-Division*, che stava combattendo nei pressi di Eberswalde doveva partecipare all'attacco. Nel frattempo, tuttavia, la situazione si era radicalmente modificata, l'*Obergruppenfuhrer* Steiner aveva a sua disposizione una sola divisione male assortita e si trovava di fronte un massiccio spiegamento di forze sovietiche, il 25 aprile le linee della 3ª Armata *Panzer* erano state sfondate nei pressi di Stettino e fu quindi necessario per l'armata ritirarsi ad ovest abbandonando la linea del canale Finow. La 3ª Armata *Panzer* poté avere l'aiuto della 25. *Panzergrenadier-Division* il che rese possibile un ulteriore ripiegamento che di fatto portò all'uscita dell'armata da questo settore. Il *Korps Holste*, proveniente dall'Elba, dovette muoversi con maggiore rapidità per potere allungare il fianco meridionale della 3ª Armata *Panzer* lungo il canale Reno e bloccare un attacco sovietico diretto contro Amburgo.

Un duro scontro scoppiò tra il comandante del Gruppo d'Armate "Vistola", il Generale Heinrici e il Feldmaresciallo Keitel, con quest'ultimo che vedeva come un tradimento i tentativi di Heinrici di salvare i resti del suo Gruppo d'Armate. Il 29 aprile Keitel sollevò Heinrici dal comando per sostituirlo con il Colonnello Generale Student; il Colonnello generale von Tippelskirch assunse il comando ad interim fino all'arrivo del nuovo comandante. Data la situazione attuale i movimenti ordinati da Heinrici vennero eseguiti, e il nucleo della 3ª Armata *Panzer*, del *Gruppe* Steiner e delle truppe raggruppate sotto la 21ª Armata lungo il fiume Reno si arresero agli alleati occidentali.

2: Da Sud Est

Obbedendo agli ordini di Hitler, la 9ª Armata era rimasta ancorata così a lungo sull'Oder che venne accerchiata dal nemico. Il 23 aprile Hitler diede l'ordine alla 9ª Armata di sfondare le linee sovietiche in direzione di Mariendorf, lungo il perimetro meridionale di Berlino, per unire le forze con la 12ª Armata per un attacco di soccorso verso la capitale. Quest'ordine presupponeva che la 9ª Armata avesse ancora una libertà di manovra che ormai non possedeva più. Poco prima di ricevere quest'ordine, il comandante dell'Armata, il Generale di Fanteria Busse, aveva deciso di effettuare uno sfondamento verso ovest attraverso Halbe per potere proseguire nella stessa direzione sfruttando la copertura della grande foresta che si trovava nella zona. L'Armata seguì questa decisione anche dopo avere ricevuto l'ordine di Hitler. Dopo duri combattimenti la 9ª Armata riuscì, con una forza di 30.000 uomini, a sfondare le linee sovietiche e a congiungersi con la 12ª Armata il 29-30 aprile.

▲ I resti di quel che fu un esercito possente e invincibile.
The remains of the most powerful and invincible army.

3: Da Ovest

La 12ª Armata sotto il comando del Generale delle Truppe Corazzate Wenck, era stata originariamente assegnata al Magdeburgo con il suo fronte di combattimento rivolto a ovest. Il 23 aprile ricevette l'ordine di fare dietro front e, lasciando solo un debole distaccamento di sicurezza sull'Elba, di attaccare Berlino e liberarla con il supporto della 9ª Armata. L'Armata riuscì con successo a raggrupparsi con le tre divisioni del XX Corpo a proteggerne i fianchi, raggiunse il settore di Beelitz-Ferch il 28 aprile. Qui fu raggiunta da elementi di quelle truppe del Generale Reymann che si stavano ritirando da Postdam e dai resti della 9ª Armata.
Dopo che la 12ª Armata riuscì a malapena a ritirarsi sull'Elba, dove venne catturata dagli americani, non vi fu più tempo per ulteriori attacchi di soccorso su Berlino.
Gli Ordini dati per lanciare degli attacchi di soccorso a Berlino, fallirono tutti a causa delle condizioni reali esistenti sul campo. Loro nondimeno stimolarono enormemente la volontà di combattere e le speranze dei difensori della città. Dopo che la 12ª Armata fallì nel suo attacco Hitler si suicidò.
Con la morte di Hitler, i comandanti fuori Berlino si trovarono in grado di prendere delle decisioni autonomamente, e gli ordini senza senso di Keitel vennero ignorati.

▲ Soldati tedeschi difendono la piazza del Reichstag.
Men of the German army armed with weapons anti-thanks defending the Reichstag.

▲ Fanteria russa all'assalto appaoggiata da un T-34
Soldiers of Russian army with a Tank T-34

▲ Postdamer Platz com'è nel 1945 e com'era quarant'anni prima...
Then and now. Postdamer Platz in April 1945 and at he end of XXth century.

IV: COMBATTIMENTI A BERLINO DOPO IL 30 APRILE 1945 E LA RESA FINALE

Il 30 aprile, poco dopo la morte di Hitler, il Generale Weidling ricevette una lettera, preparata alle ore 13:00 di quello stesso giorno e firmata da Hitler stesso. Questa lettera dava ai difensori libertà di cercare di sfondare le linee sovietiche, ma allo stesso tempo vietava loro di arrendersi. Dal momento che Weidling non riteneva possibile uno sfondamento su ampia scala, diede alle sue unità il permesso di cercare di sfuggire dall'accerchiamento di loro propria iniziativa. Quest'ordine fu emesso dalla cancelleria del Reich, dal momento che Weidling si era trovato impossibilitato a lasciare l'edificio a partire dal 29 aprile. Poco dopo, nella sua qualità di Ministro del Reich, Goebbels intervenne vietando categoricamente ogni tentativo di abbandonare la città, annunciando allo stesso tempo che avrebbe intavolato dei negoziati coi sovietici. Weidling, supponendo che questi negoziati avrebbero portato ad un cessate il fuoco, revocò il so ordine nel pomeriggio del 30 aprile.

Il 1° maggio quando divenne evidente che i negoziati di Goebbels non stavano portando verso la capitolazione, Weidling esitava tra dare l'ordine di uno sfondamento generale o di arrendersi. Nel pomeriggio del 1° maggio le truppe ricevettero un nuovo ordine: questo ordine comunicava loro che un tentativo di sfondamento sarebbe stato effettuato quella sera. Nel frattempo, tuttavia, Weidling aveva deciso di arrendersi, di conseguenza l'ordine del 1° maggio venne revocato, e la sera del 1° maggio tutti i comandanti che fu possibile raggiungere vennero convocati al Bendler Block per una riunione in cui vennero informati da Weidling della sua intenzione di capitolare la mattina seguente. Ai sovietici l'offerta venne comunicata per radio e tramite il Colonnello (SM) von Duffing nominato parlamentare. Un'altra offerta di resa venne fatta dal segretario di Stato Fritsche, tale offerta era stata portata avanti indipendentemente da quella di Weidling, di cui Fritsche non era a conoscenza. Goebbels dopo il fallimento del suo tentativo di negoziare attraverso il quale aveva sperato di venire riconosciuto come ministro del nuovo governo, e dopo avere proclamato ancora una volta la lotta fino all'ultimo uomo, si suicidò.

Il vacillamento dei leader, i continui ordini e contro ordini, avevano ovviamente prodotto molta confusione tra le truppe molti gruppi di combattimento non avevano ricevuto le istruzioni per lo sfondamento, mentre altri non avevano ricevuto nessun ordine in generale. Molte unità, divise in gruppi piccoli o grandi abbandonarono la zona dello zoo utilizzando i tunnel della metropolitana, passando attraverso la torre radio e Ruhlben fino al fiume Havel. Sul ponte settentrionale, nei pressi di Spandau, venne effettuato uno sfondamento, anche se con pesanti perdite, da parte di alcune unità con il supporto dei carri armati. Anche alcuni distaccamenti individuali e diversi sbandati riuscirono a sfuggire all'accerchiamento, ma il nucleo di queste forze venne nuovamente accerchiato in campo aperto a nord di Nauen e preso prigioniero.

A Berlino, la resa divenne effettiva a partire dal 2 maggio. In molti casi gli ufficiali che comunicavano la resa vennero accusati di tradimento e minacciati di morte. Singoli gruppi di combattimento, in special modo tra le SS, rifiutarono la resa e combatterono per ore, a volte anche giorni, fino all'ultimo uomo. Il nucleo dei difensori cadde prigionieri dei sovietici il 2 maggio.

Il proseguimento della difesa era senza speranza, e poteva portare solamente ad ulteriori perdite inutili tra le truppe e tra la popolazione civile. Allo stesso modo i tentativi da parte di intere unità di sfuggire all'accerchiamento sovietico non avevano la minima possibilità di successo, il fatto che questi tentativi vennero spesso ripetuti è indicativo della grande paura di cadere prigionieri dei sovietici.

▲ Soldati dell'Armata Rossa
Soldiers of the red Army

APPENDICI: LA CRONOLOGIA

CRONOLOGIA DEGLI EVENTI DELLA BATTAGLIA DI BERLINO

31 gennaio 1945
Deboli forze motorizzate sovietiche penetrano attraverso il ghiaccio sull'Oder, nei pressi di Strausberg. Berlino viene messa in allarme.

4-12 Febbraio
Conferenza di Yalta

Febbraio-marzo
Vengono approntate linee difensive lungo l'Oder.

Primi giorni di febbraio
Il Generale di Fanteria von Kortzfleisch, Generale Comandante del Quartier Generale del III Corpo d'Armata, e allo stesso tempo comandante dell'Area di Difesa di Berlino, viene sostituito dal Tenente Generale Ritter von Hauenschild.

22 marzo 1945
Il Colonnello Generale Heinrici assume il comando del Gruppo d'Armate "Vistola".

29 marzo 1945
Il Colonnello Generale Heinz Guderian, Capo dello Stato Maggiore Generale dell'Esercito (*Chef des Generalstabes des Heeres – OKH*), viene sostituito del Generale di Fanteria Krebs.

12-15 aprile 1945
I sovietici effettuano attacchi preliminari per allargare la testa di ponte di Küstrin.

16 aprile 1945
I sovietici iniziano un'offensiva su larga scala dalla testa di ponte di Küstrin e attraverso il fiume Neisse. Inizia così la presa della Seelow Heights sulla riva occidentale del Oder completata il 18 dello stesso mese. Con 2,5 milioni di soldati, l'Unione Sovietica entra ufficialmente nella battaglia per Berlino. Anche se almeno un milione e mezzo di persone hanno lasciato la città, ancora 2,8 milioni di berlinesi vivono tra le macerie.

18 aprile 1945
Il contrattacco della *18. Panzergrenadier-Division* fallisce, il fronte crolla sia sull'Oder che sul Neisse.

19 aprile 1945
Berlino viene posta sotto il comando del Gruppo d'Armate "Vistola". Il Gruppo d'Armate assegna all'*Obergruppenführer* delle SS Steiner il compito di proteggere il canale Hohenzollern, e chiede invano il ritiro dell'ala destra e del centro della 9ª Armata dall'Oder. I sovietici si spingono in avanti da sud nelle retrovie della 9ª Armata, verso Berlino.

20 aprile 1945
Compleanno di Hitler, che decide di rimanere a Berlino mentre i capi nazisti già cercano una via di fuga dalla capitale. I sovietici raggiungono Baruth da sud. A est di Berlino un altro contrattacco da parte della *18. Panzergrenadier-Division* e dalle *SS-Panzergrenadier-Division* "Nordland" e "Nederland" fallisce. Il Gruppo d'Armate "Vistola" ordina a tutte le unità disponibili di schierarsi fuori Berlino in posizione difensiva. I sovietici lanciano un'offensiva a sud di Stettino.

21 aprile 1945
I sovietici raggiungono Zossen, Erkner e Hopegarten. Inizio di un massiccio fuoco di artiglieria da parte dei sovietici. L'Armata Rossa attraversa a Malchow i confini della città.

22 aprile 1945
I sovietici raggiungono il canale Teltow da sud presso Klein-Machnow, i sobborghi cittadini di Pankow e Weissensee da est, attraversando il fiume Havel a nord di Spandau. Il Tenente Generale Reymann è rimpiazzato dal Colonnello Kaether. Il Gruppo d'Armate "Vistola" è esonerato dal comando della piazza di Berlino, e la città è posta sotto il comando diretto di Hitler. Hitler trasferisce la Divisione "*Nordland*" a Berlino. Il Gruppo d'Armate Vistola ordina a Steiner di lanciare un attacco di supporto. Il *LVI Panzerkorps* riceve l'ordine di dirigersi a Berlino, ma si ritira invece verso sud.

23 aprile 1945
I sovietici attaccano lungo il canale Teltow, di fronte a Friedrichshain, e vicino Tegel. Il Tenente Generale Weidling viene nominato comandante dell'Area Difensiva di Berlino, e vi trasferisce il *LVI Panzerkorps*. L'Alto Comando dell'Esercito e l'Alto Comando della *Wehrmacht* lasciano Berlino. Hitler ordina alla 12ª Armata di attaccare da sud est in direzione di Berlino.

24 aprile 1945
I sovietici attraversano il canale Teltow. Duri combattimenti si svolgono nella parte orientale della città. I sovietici avanzano verso ovest da Spandau e isolano Berlino da occidente. Le truppe di Steiner, dopo avere attaccato conseguendo qualche successo iniziale, sono costrette a ritornare sulle posizioni di partenza.

25 aprile 1945
I sovietici sfondano a sud di Stettino. L'accerchiamento è completato, la prima armata bielorussa e la prima armata ucraina si incontrano chiudendo il cerchio. In Reinickendorf, Wedding, Prenzlauer Berg, Friedrichshain e Tempelhof si hanno aspri combattimenti.

26 aprile 1945
I russi passano a nord a Moabit, lungo la linea di Rathaus Schöneberg e al sud a Hallesches Tor - piazza Belle Alliance . In serata i sovietici conquistano il Kreuzberg.

27 aprile 1945
Spandau capitola. attacco lungo il canale Landwehr. Combattimenti in Tiergarten, Charlottenburg, Wilmersdorf e presso l'Isola dei Musei.

28 aprile 1945
I sovietici attraversano il canale Landwehr, combattendo in Alt-Moabit.

29 aprile 1945
La 12ª Armata raggiunge Beelitz-Perch nel quartiere governativo. Il Colonnello Generale Heinrici è sollevato dal comando del Gruppo d'Armate "Vistola".

30 aprile 1945
Hitler si suicida, i rimanenti elementi della 9ª Armata riescono a sfondare per congiungersi con la 12ª Armata. Soldati dell'Armata Rossa issano la bandiera sovietica sul Reichstag conquistato.

1° maggio 1945
Iniziano i negoziati per la resa. Alcuni elementi della guarnigione di Berlino cercano di fuggire. Suicidio e sterminio della famiglia Gobbels.

I GENERALI DI BERLINO
General der Artillerie HELMUT OTTO LUDWIG WEIDLING

Generale tedesco della Wehrmacht nato il 2 novembre 1891 a Halberstadt, in Sassonia, e morto il 17 novembre 1955 nel campo di prigionia russo di Wladimir vicino a Mosca. Nel corso della sua carriera, Weidling si distinse in varie occasioni per i suoi meriti sul campo e nel comando, arrivando a essere insignito della Croce di Cavaliere con Fronde di Quercia e Spade il 28 novembre 1944.
Il nome di Wiedling, tuttavia, rimane legato indissolubilmente alla battaglia di Berlino, dove assunse il ruolo di Comandante della difesa della città fino alla capitolazione delle forze tedesche il 2 maggio 1945. Il 22 aprile 1945 Hitler ordinò che Weidling fosse condotto davanti al plotone di esecuzione. Il Führer, infatti, era convinto che Weidling avesse spostato la linea di difesa del LVI. Panzer-korps verso occidente, in palese violazione dell'ordine che impediva a tutti gli ufficiali qualsiasi ripiegamento. La convinzione del Führer, però, era sbagliata: il LVI. Panzer-korps si batteva ancora con le sue forze residue alle porte di Berlino, cercando di resistere agli assalti sovietici. Così Weidling si diresse verso il Führerbunker presso la nuova Cancelleria. Lì ebbe modo di spiegare personalmente a Hitler la situazione delle truppe sotto il suo comando: questa discussione impressionò molto il Führer, che il 23 aprile nominò Weidling Comandante della difesa di Berlino.
Weidling accettò questo nuovo incarico con senso del dovere, anche se con profondo disappunto. Al Generale Hans Krebs che gli comunicò la nomina a Comandante della difesa di Berlino, egli rispose: *"sarebbe meglio se lei avesse dato ordine di farmi fucilare, perché allora questo calice sarebbe passato ad altri"*. Gli ordini di Weidling erano "semplici": difendere Berlino fino all'ultimo uomo, evitando a qualsiasi costo la resa. Il 3 maggio 1945 si arrendeva ai sovietici, decedendo dieci anni dopo in un *GuLag*.

2 maggio 1945
Berlino si arrende. Scatta il cessate il fuoco. Per circa due mesi i conquistatori sovietici saranno gli unici occupanti della città. Il comandante della guarnigione colonnello generale Berzarin instaura un consiglio antifascista. Solo a inizio di luglio arrivano americani e inglesi ad occupare i loro settori, i francesi vi giungeranno solo in agosto.

7 maggio 1945
Il generale Alfred Jodl firma la resa incondizionata a nome dell'Alto Comando tedesco, nella sede degli Alleati a Reims.

9 maggio 1945
Per riconoscere il contributo dell'Armata Rossa nella liberazione della Germania dal nazismo, presso il quartier generale sovietico in Berlin-Karlshorst viene nuovamente firmata la resa tedesca da parte del generale Wilhelm Keitel, alla presenza del maresciallo Georgy Zhukov, con questa seconda firma ha ufficialmente fine, la seconda guerra mondiale in Europa. Circa 60 milioni di persone in tutto il

I GENERALI DI BERLINO
Generalmajor der Reserve WERNER MUMMERT

Nato il 31 marzo 1897 a Lüttewitz bei Döbeln in Sassonia, e deceduto nel 28 gennaio 1950 nel campo di prigionia sovietico di Ssuja.

Nel gennaio 1945 Mummert fu promosso *Generalmajor der Reserve* e gli fu dato il comando della *Panzer-Division "Müncheberg"*. Una *Kompanie* di *Panther Ausf. G* e una *Panzergrenadiere-Kompanie* della Divisione furono inviate alla *Panzertruppenschule II* a Wünsdorf per essere dotati dei visori ad infrarosso *Sperber*. La *Panzer-Division "Müncheberg"* si schierò quindi nella posizione Hardenberg, sulle alture di Seelow. La *Panzer-Kompanie* dotata di visori infrarosso, la *1./Panzer-Regiment 29*, al comando dell'*Oberleutnant* Rasim, assieme ai *Panzergrenadiere* dell'*Hauptmann* Steuer, dotati di *StG 44* con visori infrarosso, lanciò un attacco limitato, coronato da successo, contro le truppe sovietiche trincerate sul Reitwein Spur. Il 16 aprile 1945, Žukov lanciò la sua offensiva oltre l'Oder verso Berlino. Da questo momento in poi la *Panzer-Division "Müncheberg"*, agli ordini di Mummert, non ebbe un attimo di tregua. L'assalto sovietico, preceduto da un intenso fuoco di preparazione, colpì le linee tedesche sulle alture di Seelow. L'accanita difesa tedesca, unita al terreno paludoso che limitava l'impiego dei corazzati russi in pochi corridoi, minati e battuti dal fuoco dei controcarro tedeschi, costrinse i sovietici ad impiegare otto giorni, perdendo migliaia di uomini e centinaia di carri armati, prima di sfondare nel settore tenuto dalla *9. Fallschirm-Division*. Il 20 aprile il fronte tedesco cedeva, e la *Panzer-Division Müncheberg*, assieme alla *11. SS-Freiwilligen-Panzergrenadier-Division "Nordland"* ripiegavano su Berlino. La Divisione si fermò per compiere una feroce azione di retroguardia nel villaggio di Müncheberg, infliggendo pesanti perdite ai sovietici avanzanti. Dopo questo scontro la *Müncheberg* prese posizione nel settore nordorientale di Berlino, a nord del fiume Spree, potendo contare su solo una dozzina di *Panzer* e trenta *Schützenpanzerwagen*. Il 25 aprile, il *General der Artillerie* Weidling, comandante della difesa di Berlino, ordinò a Mummert di prendere il comando del *LVI. Panzerkorps*. La *Panzer-Division "Müncheberg"* condusse un attacco limitato verso Neukolln e l'aeroporto di Tempelhof, ma dopo un buon successo iniziale la sua avanzata fu bloccata. Il 26 aprile a Mummert fu nuovamente assegnata la guida della *"Müncheberg"*, che mantenne nei disperati combattimenti dei giorni successivi nel settore di Wilmersdorf, in una Berlino ormai completamente accerchiata. Il diario di un Ufficiale d'ordinanza della Divisione riporta:

24 aprile. Al mattino stiamo all'aeroporto di Tempelhof. L'artiglieria russa spara ininterrottamente. Degli otto settori difensivi di Berlino, noi teniamo ora il settore D. [...] Con i lanciafiamme i russi incendiano le case che non riescono a conquistare. Gli urli dei bambini e delle donne sono spaventosi. [...] I nostri sono gli unici mezzi corazzati di cui dispone il comando di zona nella Wilhemplatz. [...] Si deve all'energia del Generale Mummert se la Divisione non viene bruciata oggi stesso. Per il trasporto di feriti non si dispone di veicoli. Nel pomeriggio l'artiglieria viene spostata al Tiergarten. Di munizioni ce ne sono ormai poche. A Tempelhof, intorno al Comando, sembra si sia scatenato l'inferno. Scoppi fragorosi, esplosioni di granate, deflagrazioni di "organi di Stalin". Urlo di feriti, rombo di motori, crepitio di mitragliatrici. E

mondo sono morte, 35 milioni sono stati i feriti. La Germania ha dovuto piangere oltre cinque milioni di morti. Alla fine della guerra, ci sono più di undici milioni di soldati tedeschi prigionieri: 3,8 milioni sono negli Stati Uniti, 3,7 milioni nel Regno Unito e 3,2 milioni in Russia. Berlino vanta ben 1/7 di tutti detriti presenti al tempo in Germania. 75 milioni di metri cubi di macerie coprono la città. 612.000 abitazioni sono completamente distrutti.

22 maggio 1945
A Flensburg sono arrestati Karl Dönitz e tutti i membri dell'ultimo governo nazista.

5 giugno 1945
Il Consiglio di controllo alleato, composto dai comandanti delle forze di occupazione, assume il governo di Berlino.

26 giugno 1945
Creazione delle Nazioni Unite (ONU), 51 Stati membri firmano la Carta delle Nazioni Unite.

17 luglio: 1945
Inizio della Conferenza di Potsdam delle potenze vincitrici. Gli alleati sono d'accordo sulle loro richieste di risarcimento a carico della Germania e decidono la smilitarizzazione e la denazificazione del paese. Le zone ad est del Oder e Neisse vengono assegnate all'amministrazione polacca.

20 nov 1945 al 1 ottobre 1946
Processo di Norimberga.

soprattutto nembi di fumo, puzzo di cloro e incendi. [...] E anche singole donne hanno impugnato il *Panzerfaust*, slesiane assetate di vendetta. [...] Alle 20: carri armati con fanteria russa a bordo avanzano verso il campo di Tempelhof. Duri combattimenti.

27 aprile. [...] La speranza dell'essere salvati da un attacco di soccorso e la paura delle corti marziali volanti mantiene gli uomini in prima linea. Il Generale Mummert si rifiuta di permettere altre corti marziali nel settore sotto il suo comando: una Divisione che vanta il maggior numero di decorati con la *Ritterkreuz mit Eichenlaub* non merita di essere perseguitata da giovani imberbi. Egli è determinato a passare per le armi personalmente i membri di una qualunque corte marziale che dovesse apparire [...] Non possiamo più tenere Potsdamer Platz, e verso le 4 del mattino ci muoviamo attraverso il tunnel della metropolitana di Nollendorferplatz. Nel tunnel accanto al nostro, i russi avanzano nella direzione opposta.
Il 30 aprile, la *Panzer-Division "Müncheberg"* e la *18. Panzer-Grenadier-Division*, assieme a qualche *Tiger II* dello *schwere SS-Panzer-Abteilung 503* continuavano a difendere in aspri combattimenti la stazione di Westkreuz e il Kurfurstendamm, ripiegando poi sul Tiergarten e difendendo le migliaia di civili riparatisi nella *Flakturm* dello Zoo, che continuava ad appoggiare i combattenti tedeschi con il preciso fuoco dei suoi pezzi *FlAK* da 12.8 cm. L'ultimo carro della *"Müncheberg"*, un *Tiger*, ormai immobilizzato, fu abbandonato dal suo equipaggio sull'Unter der Linden, vicino alla Porta di Brandenburgo. Gli uomini della *"Müncheberg"* erano ormai alla fine delle loro capacità di resistenza, che si erano già spinte da tempo ben oltre la soglia dell'umana sopportazione:
Non c'è più alcun collegamento fra i diversi reparti difensivi. Nel nostro comando tattico, ognuno di noi è stato ferito per la seconda o terza volta, compreso il Generale Mummert. Il Generale porta il braccio destro al collo. Ognuno di noi dorme due o tre ore al giorno, ed abbiamo l'aspetto di scheletri vaganti.
Tra il 3 e il 4 maggio, Mummert cercò a questo punto di guidare i superstiti della sua Divisione verso ovest, attraverso Spandau. Pochi gruppi di superstiti riuscirono a consegnarsi agli americani, ma la maggior parte, compreso Mummert, furono catturati dai sovietici il 5 maggio 1945. Mummert morì il 28 gennaio 1950 nel campo di prigionia sovietico di Ssuja.

▲ Generali superiori dell'Armata Rossa
High officer and general of the red Army

APPENDICI: ORDINI DI BATTAGLIA

ORDINE DI BATTAGLIA DELLE UNITÀ TEDESCHE A DIFESA DI BERLINO

Riserva dell'OKW (in seguito alle dipendenze del LVI Panzerkorps, 9. Armee)
18. Panzergrenadier Division (Magg. Gen. Josef Rauch)
30. e 51. Panzergrenadier Rgt.
118. Panzer Rgt. (elementi)
18. Artillerie Rgt.

Armeegruppe 'Vistola' (Col. Gen. Gotthard Heinrici)
III SS (germanische) Panzer Korps
(Ten. Gen. SS Felix Steiner)
(Divisioni in seguito alle dipendenze della 9. Armata)
11. SS Panzergrenadier Division "Nordland"
(Magg. Gen. SS Jurgen Ziegler / Magg. Gen. SS Dr Gustav Krukenberg)
23. Panzergrenadier Regt 'Norge'
24. Panzergrenadier Regt 'Danmark'
11. SS Panzer-Abt. 'Hermann von Salza'
SS schwere Panzer-Abt. 503
11. SS Panzer-Aufkl.-Abt. 'Nordland'
23. SS Panzergrenadier Division 'Nederland'
(Magg. Gen. SS Wagner) (poi assegnata alla 3. Panzer Armee)
27. SS Grenadier Division 'Langemarck'
28. SS Grenadier Division 'Wallonien'

3. Panzer Armee (Gen. Hasso von Manteuffel)
Korps 'Swinemunde' (Ten. Gen. Ansat)
402. Einsatz-Division e 2. Marine-Infanterie-Division
XXXII Corps (Ten. Gen. Schack)
Infanterie-Division 'Voigt' e 281. Infanterie-Division
549. Volksgrenadier Division
Guarnigione della piazzaforte di Stettino
Korps 'Oder' (Ten. Gen. SS von dem Bach – Gen. Hörnlein)
610. Infanterie-Division e 'Klossek' Infanterie-Division
XXXXVI Panzer Korps (Gen. Martin Gareis)
547. Volksgrenadier Division
1. Marine-Infanterie-Division

9. Armee (Gen. Theodor Busse)
156. Infanterie-Division
541. Volksgrenadier-Division
404. Volks-Artillerie-Korps
406. Volks-Artillery-Korps
408. Volks-Artillerie-Korps

CI Korps (Gen. Wilhelm Berlin / Ten. Gen. Friedrich Sixt)
5. Leichte Infanterie-Division
606. Infanterie-Division
309. Infanterie-Division "Berlin"
25. Panzergrenadier-Division

111. Lehr StuG-Brigade
Kampfgruppe '1001 Nachte'

LVI Panzer Korps (Gen. Helmuth Weidling)
9. Fallschirmjäger Division
(Gen. Bruno Braüer / Col. Harry Herrmann)
Fallschirmjäger Regt. 25, 26 e 27
Fallschirmjäger Artillerie Regt. 9
20. Panzergrenadier Division (Magg. Gen. Georg Scholze)
Panzergrenadier Regt. 76 e 90
Panzer Abt. 9
Artillerie Regt. 20
Panzer Division 'Müncheberg'
(Magg. Gen. Werner Mummert)
Panzergrenadier Regt 1 e 2 'Müncheberg'
Panzer Regt 'Müncheberg'
Panzer-Artillerie-Regt. 'Müncheberg'
920. StuG Lehr Brigade

XI SS Panzer Korps (SS Gen. Mathias Kleinheisterkamp)
303. Infanterie Division 'Döberitz'
169. Infanterie Division
712. Infanterie Division
Panzergrenadier Division 'Kurmark'
SS schwere Panzer Abteilung 502
<u>Guarnigione di Frankfurt an der Oder</u>
(Magg. Gen. Ernst Biehler)

V SS Gebirgs Korps (SS Gen. Friedrich Jackeln)
286. Infanterie Division
32. SS Volksgrenadier Division '30. Januar'
391. Sicherungs Division
561. SS Jagdpanzer Abt.

Gruppo d'Armate Centro (Feldmar. Ferdinand Schörner)
4. Panzer Armee (Gen. Fritz-Herbert Gräser)
(poi trasferita alla 9. Armee)
<u>V Korps</u> (Ten. Gen. Wagner)
35. SS und Polizei Grenadier Division
36. SS Grenadier Division
275. Infanterie Division
342. Infanterie Division
21. Panzer Division
12. Armee (Gen. Walter Wenck)
<u>XX Korps</u> (Gen. Carl-Erik Koehler)
RAD Division 'Theodor Körner'
Infanterie Division 'Ulrich von Hutten'
Infanterie Division 'Ferdinand von Schill'
Infanterie Division 'Scharnhorst'
<u>XXXIX Panzer Korps</u> (Ten. Gen. Karl Arndt)
(dal 12 al 21 aprile 1945 alle dirette dipendenze dell'OKW con il seguente organigramma)
Panzer Division 'Clausewitz'

RAD Division 'Schlageter'
84. Infanterie Division
(dal 21 al 26 aprile 1945 alle dirette dipendenze della 12. Armee con il seguente organigramma)
Panzer Division 'Clausewitz'
84. Infanterie Division
Reserve Infanterie Division 'Hamburg'
Infanterie Division 'Meyer'

XXXXI Panzer Korps (Ten. Gen. Holste)
Infanterie Division 'von Hake'
199. Infanterie Division
'V-Waffe' Infanterie Division
1. HJ Panzervernichtungs Brigade
Jagdpanzer Brigade 'Hermann Göring'

XXXXVIII Panzer Corps
(Gen. Maximillian Reichsherr von Edelsheim)
14. Flak Division
Kampfgruppe 'Leipzig'
Kampgruppe 'Halle'

Unità indipendenti
RAD Division 'Friedrich Ludwig Jahn'
(Col. Gerhard Klein / Col. Franz Weller)
Infanterie Division 'Potsdam' (Col. Erich Lorenz)

▲ Due soldati della Volkssturm si arrendono alle forze inglesi di Bocholt a fine marzo del 1945.
Two old members of the Volksturm seem relieved to have surrendered to British troops in Bocholt, 28 March 1945

ORDINE DI BATTAGLIA DELLE UNITÀ SOVIETICHE DURANTE L'ASSALTO A BERLINO

Le unità sono elencate in ordine di schieramento da nord a sud, alla data del 16 aprile 1945.

2° FRONTE UCRAINO (Maresciallo K. K. Rokossovsky)

2ª Armata (Col. Gen. I. I. Fedyurinsky)
108° e 116° Corpo Fucilieri

65ª Armata (Col. Gen. P. I. Batov)
18°, 46° e 105° Corpo Fucilieri

70ª Armata (Col. Gen. V. S. Popov)
47°, 96° e 114° Corpo Fucilieri

49ª Armata (Col. Gen. I. T. Grishin)
70° e 121° Corpo Fucilieri
191ª, 200ª e 330ª Divisione Fucilieri

19ª Armata
40° Corpo della Guardia, 132° e 134° Corpo Fucilieri

5ª Armata Corazzata della Guardia
29° Corpo Corazzato
1ª Brigata Corazzata e 4ª Brigata Meccanizzata

4ª Armata Aerea (Col. Gen. K. A. Vershinin)
4° Corpo d'Assalto, 5° Corpo Bombardieri e 8° Corpo Caccia

1° FRONTE UCRAINO (Maresciallo G. K. Zhukov)

61ª Armata (Col. Gen. P. A. Belov)
9° Corpo della Guardia, 80° e 89° Corpo Fucilieri

1ª Armata Polacca (Ten. Gen. S. G. Poplowski)
1ª, 2ª, 3ª, 4ª e 6ª Divisioni Polacca Fanteria
1ª Brigata Polacca Cavalleria
4ª Brigata Polacca Carri Pesanti
13ª Brigata Polacca Artiglieria Semovente d'Assalto
7° Gruppo Polacco Artiglieria d'assalto

47ª Armata (Ten. Gen. F. I. Perkhorovitch)
77°, 125° e 129° Corpo Fucilieri
70° Reggimento Corazzato Indipendente della Guardia
334°, 1204°, 1416°, 1825° e 1892° Reggimento Artiglieria Semovente d'Assalto

3ª Armata d'Assalto (Col. Gen. V. I. Kutznetsov)
<u>7° Corpo Fucilieri</u> (Magg. Gen. V. A. Christov / Col. Gen. Y. T. Chyervichenko)
146ª, 265ª e 364ª Divisione Fucilieri
<u>12° Corpo Fucilieri della Guardia</u> (Ten. Gen. A. F. Kazanin / Magg. Gen. A. A. Filatov)
23ª Guardia, 52ª Guardia e 33ª Divisione Fucilieri
<u>79° Corpo Fucilieri</u> (Magg. Gen. S. I. Perevertkin)
150ª Divisione Fucilieri (Magg. Gen. V. M. Shatilov)
469°, 674° e 756° Reggimento Fucilieri
171ª Divisione Fucilieri (Col. A. P. Negoda)
380°, 525° e 783° Reggimento Fucilieri

▲ Rafforzo di un posto di blocco a S-Bahnhof Hermannstrasse in Neukölln da parte della Volkssturm marzo 1945.
Strength of a strong point at the S-Bahnhof Hermannstrasse in Neukölln by the Volkssturm in March 1945.

207ª Divisione Fucilieri (Col. V. M. Asafov)
594°, 597° e 598° Reggimento Fucilieri
9° Corpo Corazzato (Ten. Gen. I. F. Kirichenko)
23ª, 95ª e 108ª Brigata Corazzata
8° Reggimento Fucilieri Motorizzato
1455° e 1508° Reggimento Artiglieria Semovente d'Assalto

5ª Armata d'Assalto (Gen. N. E. Berzarin)
9° Corpo Fucilieri (Magg. Gen. I. P. Rossly)
230ª, 248ª e 30ª Divisione Fucilieri
26° Corpo della Guardia (Magg. Gen. P. A. Firsov)
89ª della Guardia, 94ª della Guardia e 266ª Divisione Fucilieri
32° Corpo Fucilieri (Ten. Gen. D. S. Zherebin)
60ª della Guardia, 295ª e 416ª Divisione Fucilieri
11ª, 67ª della Guardia e 220ª Brigata Corazzata
92° Reggimento Corazzato Indipendente
396° della Guardia e 1504° Reggimento Artiglieria Semovente d'Assalto

8ª Armata della Guardia (Col. Gen. V. I. Chuikov)
4° Corpo Fucilieri della Guardia (Ten. Gen. V. A. Glazonov)
35ª, 47ª e 57ª Divisione Fucilieri della Guardia
28° Corpo Fucilieri della Guardia (Ten. Gen. V. M. Shugeyev)

I GENERALI DI BERLINO
Ivan Stepanovič Konev

(1897 – Mosca, 21 maggio 1973) è stato un generale sovietico. Comandante tra i più capaci ed energici dell'Armata Rossa durante la seconda guerra mondiale, sul Fronte orientale, guidò con abilità una lunga serie di campagne offensive durante il periodo 1943-1945, alla testa di vari "Fronti" sovietici, contribuendo alla liberazione dell'Ucraina e della Polonia, prima di partecipare con un ruolo decisivo alle battaglie finali di Berlino e di Praga, in cui entrò vittorioso il 9 maggio 1945, alla conclusione della guerra. Condottiero famoso per i suoi metodi spietati, Ivan Konev era un ufficiale determinato, rigido, preparato culturalmente e profondamente legato all'ideologia del socialismo sovietico. Promosso fin dal febbraio 1944, maresciallo dell'Unione Sovietica, alla fine della guerra era, insieme ai marescialli Georgij Žukov, Aleksandr Vasilevskij e Konstantin Rokossovskij, tra i comandanti sovietici più famosi in patria e all'estero. Dopo la guerra, in qualità di Comandante supremo del Patto di Varsavia guidò le truppe sovietiche nella repressione della Rivoluzione ungherese del 1956. Dopo aver lasciato il comando del Patto di Varsavia nel 1960, l'anno seguente fu inviato nuovamente in Germania, dove era in corso la pericolosa Crisi di Berlino del 1961, per assumere il comando del Gruppo di forze sovietiche schierate in territorio tedesco. La grande offensiva sul fronte dell'Oder in direzione di Berlino ebbe inizio il 16 aprile 1945 e diede luogo a combattimenti aspri e prolungati; Konev disponeva di una complesso di forze poderoso; con due armate corazzate, cinque armate di fanteria, una armata polacca e quattro corpi meccanizzati autonomi, il 1° Fronte ucraino avrebbe superato il fiume Neisse, quindi avrebbe marciato sul fiume Sprea e sulle città di Brandeburgo, Dessau e Cottbus. Mentre l'offensiva del maresciallo Žukov venne duramente contrastata, l'attacco di Konev, preceduto da un potente sbarramento d'artiglieria, ebbe successo e le sue armate poterono fin dai primi giorni superare le difese tedesche e avanzare in profondità. Di fronte alle evidenti difficoltà del maresciallo Žukov sul fronte dell'Oder, Stalin la sera del 17 aprile 1945 prese la decisione, nonostante l'estrema irritazione di Žukov, di far intervenire le armate corazzate di Konev nella battaglia di Berlino. Konev si impegnò al massimo per raggiungere la capitale prima del suo rivale e le armate corazzate deviarono verso nord, conquistarono il quartier generale della Wehrmacht a Zossen e penetrarono nei sobborghi meridionali di Berlino. Sorsesero allora forti contrasti tra i comandanti e i reparti di Konev e Žukov e si verificarono incidenti e scontri a fuoco; alla fine Stalin decise di lasciare la battaglia finale di Berlino al comando di Žukov mentre Konev ricevette l'ordine di completare la distruzione delle truppe tedesche accerchiate e dirottare le sue armate verso sud. Mentre il maresciallo Žukov completava la conquista di Berlino, Konev respinse gli ultimi disperati contrattacchi tedeschi e spinse le sue armate verso ovest e verso sud per ricercare il collegamento con le truppe americane. Il 2 maggio 1945 cessò la resistenza di Berlino, mentre Adolf Hitler si era suicidato fin dal 30 aprile; Konev completò con successo il rastrellamento delle truppe tedesche isolate ed entrò in contatto con i primi reparti americani; il 5 maggio al suo posto di comando, avvenne il famoso incontro, in un'atmosfera di apparente amicizia, con il generale Omar Bradley. In realtà la missione di guerra di Konev non era ancora completata: egli ricevette personalmente da Stalin l'ordine di raggruppare subito una parte delle sue forze e avanzare con la massima rapidità verso sud per raggiungere al più presto Praga e precedere gli americani. Dopo aver concentrato rapidamente le sue armate corazzate, il maresciallo ripartì all'attacco il 6 maggio 1945 e in due giorni occupò Dresda e Bautzen; la notte dell'8-9 maggio egli ordinò ai suoi comandanti dei carri, i generali Pavel Rybalko e Dmitrij Danilovič Leljušenko, di entrare subito a Praga e l'11 maggio i primi carri armati sovietici entrarono nella città accolti festosamente dalla popolazione. Dopo la resa finale tedesca, Konev fece il suo ingresso nella capitale cecoslovacca dove si conclusero finalmente le operazioni del 1° Fronte ucraino nella seconda guerra mondiale.

39ª, 79ª e 88ª Divisione Fucilieri della Guardia
<u>29° Corpo Fucilieri della Guardia</u> (Magg. Gen. P. I. Zalizyuk)
27ª, 74ª e 82ª Divisione Fucilieri della Guardia
7ª Brigata Corazzata della Guardia
84° della Guardia, 65° della Guardia e 259° Reggimento Corazzato Indipendente
371°, 374° della Guardia, 694°, 1026°, 1061°, 1087° e 1200° Reggimento Artiglieria Semovente d'Assalto

69ª Armata (Col. Gen. V. Y. Kolpakchi)
25°, 61° e 91° Corpo Fucilieri
117ª e 283ª Divisione Fucilieri
68ª Brigata Corazzata
12ª Brigata Artiglieria Semovente d'Assalto
344° della Guardia, 1205°, 1206° e 1221° Reggimento Artiglieria Semovente d'Assalto

33ª Armata (Col. Gen. V. D. Svotaev)
16°, 38° e 62° Corpo Fucilieri
2° Corpo di Cavalleria della Guardia
95ª Divisione Fucilieri
257° Reggimento Corazzato Indipendente
360° e 361° Reggimento Artiglieria Semovente d'Assalto

16ª Armata Aerea (Col. Gen. S. I. Rudenko)
6° e 9° Corpo Aereo d'Assalto
3° e 6° Corpo Aereo da Bombardamento
1° della Guardia, 3°, 6° e 13° Corpo Aereo da Caccia
1ª della Guardia, 240ª, 282ª e 286ª Divisioni Aeree da Caccia
2ª e 11ª Divisioni Aeree d'Assalto della Guardia
113ª, 183ª, 188ª e 221ª Divisioni Aeree da Bombardamento
9ª della Guardia e 242ª Divisioni Aeree da Bombardamento notturno
16° e 72° Reggimento Aereo da Ricognizione
93° e 98° Reggimento Aereo Osservatori
176° Reggimento Aereo da Caccia della Guardia
226° Reggimento Aereo da Trasporto

18ª Armata Aerea (Maresciallo Capo delle Forze Aeree A. Y. Golovanov)
1° della Guardia, 2°, 3° e 4° Corpo Aereo da Bombardamento
45ª Divisione Aerea da Bombardamento
56ª Divisione Aerea da Caccia
742° Reggimento Aereo Ricognitori

1ª Armata Corazzata della Guardia (Col. Gen. M. Y. Katukov)
<u>8° Corpo Meccanizzato della Guardia</u> (Magg. Gen. I. F. Drygemov)
19ª, 20ª e 21ª Brigata Meccanizzata della Guardia
1a Brigata Corazzata della Guardia
48° Reggimento Corazzato della Guardia
353° e 400° Reggimento Artiglieria Semovente d'Assalto della Guardia
8° Battaglione Motociclista della Guardia
<u>11° Corpo Corazzato della Guardia</u> (Col. A. H. Babadshanian)
40ª, 44ª e 45ª Brigata Corazzata della Guardia
27ª Brigata Meccanizzata della Guardia

▲ A sinistra un Ufficiale d'Artiglieria e a destra un Fuciliere in tenuta invernale con *"telogreika"*, armato con PPsH-41
Artillery Officer and to the right a Wintergun Rifle with "telogreika" armed with PPsH-41

362°, 399° della Guardia e 1454° Reggimento Artiglieria Semovente d'Assalto della Guardia
9° Battaglione Motociclista della Guardia
<u>11° Corpo Corazzato</u> (Magg. Gen. I. I. Jushuk)
20ª, 36ª e 65ª Brigata Corazzata
12ª Brigata Motorizzata Fucilieri
50° Reggimento Corazzato della Guardia
1461° e 1493° Reggimento Artiglieria Semovente d'Assalto della Guardia
64ª Brigata Corazzata della Guardia
19ª Brigata Artigliera Semovente d'Assalto
11° Reggimento Corazzato della Guardia (Indipendente)
12° Battaglione Motociclista della Guardia

2ª Armata Corazzata della Guardia (Col. Gen. S. I. Bogdanov)
<u>1° Corpo Meccanizzato</u> (Ten. Gen. S. I. Krivosheina)
19ª, 35ª e 37ª Brigate Meccanizzate
219ª Brigata Corazzata
347° della Guardia, 75° e 1822° Reggimento Artiglieria Semovente d'Assalto
57° Battaglione Motociclista
<u>9° Corpo Corazzato della Guardia</u> (Magg. Gen. A. F. Popov)
47ª, 50ª e 65ª Brigate Corazzate della Guardia
33ª Brigata Meccanizzata della Guardia
341°, 369° e 386° Reggimento Artiglieria Semovente d'Assalto della Guardia
17° Battaglione Motociclista della Guardia
<u>12° Corpo Corazzato della Guardia</u> (Magg. Gen. M. K. Teltakov / Col. A. T. Shevchenko)
48ª, 49ª e 66ª Brigate Corazzate della Guardia
34ª Brigata Meccanizzata della Guardia
79° Reggimento Corazzato della Guardia
387° e 393° Reggimento Artiglieria Semovente d'Assalto della Guardia
6° Reggimento Corazzato indipendente della Guardia
5° Reggimento Motociclista della Guardia
16° Battaglione Motociclista della Guardia

3ª Armata (Col. Gen. A. V. Gorbatov)
35°, 40° e 41° Corpo Fucilieri
1812°, 1888° e 1901° Reggimento Artiglieria Semovente d'Assalto
2°, 3° e 7° Corpo Cavalleria della Guardia
3° e 8° Corpo Corazzato della Guardia
244° Reggimento Corazzato indipendente
31°, 39°, 51° e 55° Battaglione Treni Blindati indipendente

1° FRONTE UCRAINO (Maresciallo I. S. Koniev)
3ª Armata della Guardia (Col. Gen. V. N. Gordov)
21°, 76° e 120° Corpo Fucilieri
25° Corpo Corazzato
389° Divisione Fucilieri
87° Reggimento Corazzato indipendente della Guardia
938° Reggimento Artiglieria Semovente d'Assalto

13ª Armata (Col. Gen. N. P. Phukov)
24°, 27° e 102° Corpo Fucilieri

▲ Armata rossa: Sergente Polizia Militare e Ausiliaria Corpo Medico (personale militare femminile)
Red Army: Military Police Sergeant and Auxiliary Medical Corps

▲ Armata rossa: Geniere della Brigata d'Assalto con PPS43 e Tenente di reparto di fanteria motorizzata
Red Army: Assault Brigade soldier with PPS43 and Lieutenant of Motorized Infantry

88° Reggimento Corazzato indipendente
327°, 372° della Guardia, 768° e 1228° Reggimento Semovente d'Assalto
5ª Armata della Guardia (Col. Gen. A. S. Zhadov)
32°, 33° e 34° Corpo Fucilieri della Guardia
4° Corpo Corazzato della Guardia
2ª Armata Polacca (Ten. Gen. K. K. Swierszczewski)
5ª, 7ª, 8ª, 9ª e 10ª Divisione Fanteria polacca
1° Corpo Corazzato polacco
16ª Brigata Corazzata polacca
5° Reggimento Corazzato indipendente polacco
28° Reggimento Artiglieria Semovente d'Assalto polacco
52ª Armata (Col. Gen. K. A. Koroteyev)
48°, 73° e 78° Corpo Fucilieri
7° Corpo Meccanizzato della Guardia
213ª Divisione Fucilieri
8ª Brigata Artiglieria Semovente d'Assalto
124° Reggimento Corazzato indipendente
1198° Reggimento Artiglieria Semovente d'Assalto
2ª Armata Aerea (Col. Gen. S. A. Krasovsky)
1° della Guardia, 2° della Guardia e 3° Corpo Aereo d'Assalto
4° e 6° Corpo Aereo da Bombardamento
2°, 5° e 6° Corpo Aereo da Caccia
208ª Divisione Aerea Bombardamento Notturno
98° e 193° Reggimento Aereo Ricognizione della Guardia
222° Reggimento Aereo da Trasporto

3ª Armata Corazzata della Guardia (Col. Gen. P. S. Rybalko)
<u>6° Corpo Corazzato della Guardia</u> (Magg. Gen. V. A. Mitrofanov)
51ª, 52ª e 53ª Brigata Corazzata della Guardia
22ª Brigata Motorizzata Fucilieri della Guardia
385° della Guardia, 1893° e 1894° Reggimento Artiglieria Semovente d'Assalto
3° Battaglione Motociclista della Guardia
<u>7° Corpo Corazzato della Guardia</u> (Magg. Gen. V. V. Novikov)
54ª, 55ª & 56ª Brigate Corazzate della Guardia
23ª Brigata Motorizzata Fucilieri della Guardia
384° della Guardia, 702° e 1977° Reggimento Artiglieria Semovente d'Assalto
4° Battaglione Motociclista della Guardia
<u>9° Corpo Meccanizzato</u> (Ten. Gen. I. P. Suchov)
69ª, 70ª e 71ª Brigata Meccanizzata
91ª Brigata Corazzata
383° della Guardia, 1507° e 1978° Reggimento Artiglieria Semovente d'Assalto
100° Battaglione Motociclista
16ª Brigata Artiglieria Semovente d'Assalto
57° della Guardia e 90° Reggimento Corazzato Indipendente
50° Reggimento Motociclista

4ª Armata Corazzata Guardia (Col. Gen. D. D. Lelyushenko)
5° e 6° Corpo Meccanizzato della Guardia

I GENERALI DI BERLINO
Georgij Konstantinovič Žukov

(in russo: Георгий Константинович Жуков; Žukov, 1º dicembre 1896 – Mosca, 18 giugno 1974) è stato un generale e politico sovietico, Maresciallo dell'Unione Sovietica. La data di nascita è 19 novembre 1896 secondo il calendario giuliano. Di umili origini, aderì alla Rivoluzione bolscevica e combatté nei ranghi della famosa Armata a cavallo dell'Armata Rossa, distinguendosi per coraggio e decisione. Dopo la fine della Guerra civile, rimase nell'esercito e iniziò una brillante carriera che lo portò ai massimi vertici di comando dell'Armata Rossa. Estremamente determinato, tenace, in alcune circostanze anche brutale nella sua conduzione militare, Žukov divenne il principale generale di Stalin ed ebbe un ruolo fondamentale, come comandante sul campo delle forze sovietiche, in molte battaglie decisive della Seconda guerra mondiale sul Fronte orientale che permisero la liberazione del territorio dell'Unione Sovietica occupato dalla Wehrmacht tedesca. Nella fase finale della guerra Žukov ebbe ancora un ruolo di grande rilievo nelle grandi offensive del 1944-45 che si conclusero con l'occupazione della maggior parte dell'Europa Orientale ed infine con la conquista della stessa capitale tedesca, Berlino e la fine del Terzo Reich di Hitler. Per le sue notevoli capacità militari, Žukov, considerato tra i migliori generali della seconda guerra mondiale, è stato definito come il "generale che non ha mai perduto una battaglia" e i soldati che combatterono sotto il suo comando lo ribattezzarono "Spasitél" (russo: Спаситель), il salvatore, e anche "Ariete", "Uragano", "Invincibile". Žukov è oggi considerato uno fra i più grandi strateghi della seconda guerra mondiale e tra i migliori di cui disponessero i sovietici. Nonostante un carattere e un comportamento a volte violento e brutale, i suoi metodi ottennero spesso l'impossibile e salvarono la situazione soprattutto a Leningrado e Mosca nel 1941. Ufficiale di vaste vedute strategiche e capace di concepire grandiosi progetti offensivi, a volte per un eccesso di precipitazione commise errori nella fase esecutiva (con gravi perdite per le sue truppe). Esempi di suoi insuccessi sono: l'Operazione Marte del dicembre 1942 (Seconda battaglia di Ržev) e la battaglia di Rumancevo nel febbraio 1943 (sacca di Demjansk). Anche nella battaglia finale di Berlino, il maresciallo, per eccessiva fretta, compì alcuni costosi errori tattici. Alcune grandi operazioni brillantemente condotte da Žukov furono invece la Quarta battaglia di Char'kov (agosto 1943), la *marcia sui Carpazi* nel marzo 1944 (Offensiva di Proskurov) e la formidabile offensiva dell'Oder, nel febbraio 1945.

10º Corpo Corazzato della Guardia
68ª Brigata Corazzata della Guardia
70ª Brigata Artiglieria Semovente d'Assalto della Guardia
13º e 119º Reggimento Corazzato Indipendente della Guardia
7º Reggimento Motociclista della Guardia

28ª Armata (Ten. Gen. A. A. Luchinsky)
20º, 38º della Guardia e 128º Corpo Fucilieri

31ª Armata
1º Corpo di Cavalleria della Guardia (Ten. Gen. V. K. Baranov)
152ª Brigata Corazzata
98º Reggimento Corazzato Indipendente
368º della Guardia, 416º e 1976º Reggimento Artiglieria Semovente d'assalto
21º, 45º, 49º e 58º Battaglione Treni Blindati Indipendente.

I GENERALI DI BERLINO
Generalleutnant HELLMUTH REYMANN

Nato il 24 novembre 1892 a Neustadt in Slesia Superiore e morto l'8 dicembre 1988 a Garmisch-Partenkirchen in Baviera.
Il 5 marzo 1945 Reymann fu nominato Comandante di Piazza di Dresda, ma fu poi avvertito telefonicamente di come la città fosse completamente in rovine dopo il terribile bombardamento del 13-14 febbraio 1945.
Lo stesso giorno gli fu allora dato l'incarico di comandante militare di Berlino. Reymann si mise subito all'opera con le poche risorse disponibili, organizzando la difesa della città. Spesso in contrasto con Hitler e Goebbels su temi quali la presenza dei civili in città, e oppositore, come Speer e Heinrici, della distruzione indiscriminata di ponti, canali e altre infrastrutture vitali, fu rilevato dal comando il 22 aprile 1945.
Catturato dagli americani il 7 maggio 1945, fu liberato nel settembre dello stesso anno.

SS-Obergruppenführer und General der Waffen-SS FELIX MARTIN JULIUS STEINER ▼

Nato il 23-5-1896 a Stallupönen a Gumbinnen in Prussia Orientale il 12 maggio 1966 a Monaco di Baviera.
Steiner guidò l'*Armeegruppe Steiner*, difendendo il settore di Libau dal novembre 1944 al gennaio 1945. Prese quindi il comando del *Panzer-AOK 11*, e nell'aprile 1945 del *III. (germ.) SS-Panzerkorps*, controllando inoltre anche l'*Armeegruppe Steiner*, e riuscendo a tenere, seppur per poco tempo, le proprie posizioni nonostante la ormai inesorabile superiorità avversaria.
Negli ultimi giorni di guerra condusse i suoi uomini verso ovest, cercando di evitargli la prigionia sovietica.
Catturato il 3 maggio 1945, fu rilasciato nel 1948, Steiner fu uno dei protagonisti nella creazione delle unità di volontari stranieri delle *Waffen-SS*, ben comprendendone i risvolti umani e psicologici, oltre ad essere un eccellente tattico.
(nella foto a destra Julius Steiner).

Generalmajor ERICH BÄRENFÄNGER
Nato il 12 gennaio 1915 a Menden, in Westfalia, si toglie la vita il 1 maggio 1945 a Berlino.
Incaricato della difesa di un settore della città di Berlino (*Verteidigungsbereich A* e prima *B*, zona est di Berlino), il 28 aprile 1945 Bärenfänger, appena trentenne, fu nominato *Generalmajor* per ordine diretto di Adolf Hitler, saltando il grado di *Oberst*.
Dopo duri combattimenti e visto il fallimento dei tentativi dei superstiti del suo *Kampfgruppe* di sfondare l'accerchiamento sovietico, Bärenfänger si toglieva la vita assieme alla moglie il primo maggio 1945 presso la Stazione della metropolitana *"Prenzlauer Berg"*.

APPENDICE FOTOGRAFICA

▲ Gli ultimi difensori di Berlino si arrendono e gettano le armi. La guerra è finita!
The last defenders in Berlin surrender and throw his weapons. Here the war is over!

▲▼ Due poveri anziani malati, ricoverati in un bunker antiaereo. Sotto. Anche le statue dei vecchi sovrani tedeschi cadono dai loro piedistalli..
Care of elderly people in Zoobunker. Below Altes Museum, Gestershittes Denkmal

▲▼ Cacciacarri Elephant vicino alla cancelleria del reich. Sotto la famiglia di un vecchio appartenente alla Volksturm fa visita al parente mentre è impegnato nei lavori di rafforzamento della città
Elephant thank near the Reich chancellery.. Below, An image of a Volksturm family near a strong point.

▲▼ La Pariser Platze e la Porta di Brandeburgo con macerie e feriti con cure improvvisate..
The Pariser Platze and the Brandenburg Gate with rubble and wounded with improvised care ..

▲▼ I berlinesi recuperano i loro morti e i soldati russi fanno finalmente festa... La guerra per loro è finita!
The Berliners recover their dead and Russian soldiers finally celebrate with dancing ... The war for them is over!

▲ ▲ Un'altra immagine del giovane Willi Hübner, eroe della Gioventù Hitleriana, decorato con la croce di 2a classe
A decoration with a kreuz of II class for the young Willi Hübner, hero of Hitler's Jugend

▲▼ Berlino come Dresda! Completamente distrutta nei suoi palazzi e nei suoi soldati...
Berlin as Dresden! Completely destroyed in its palaces and in his soldiers ...

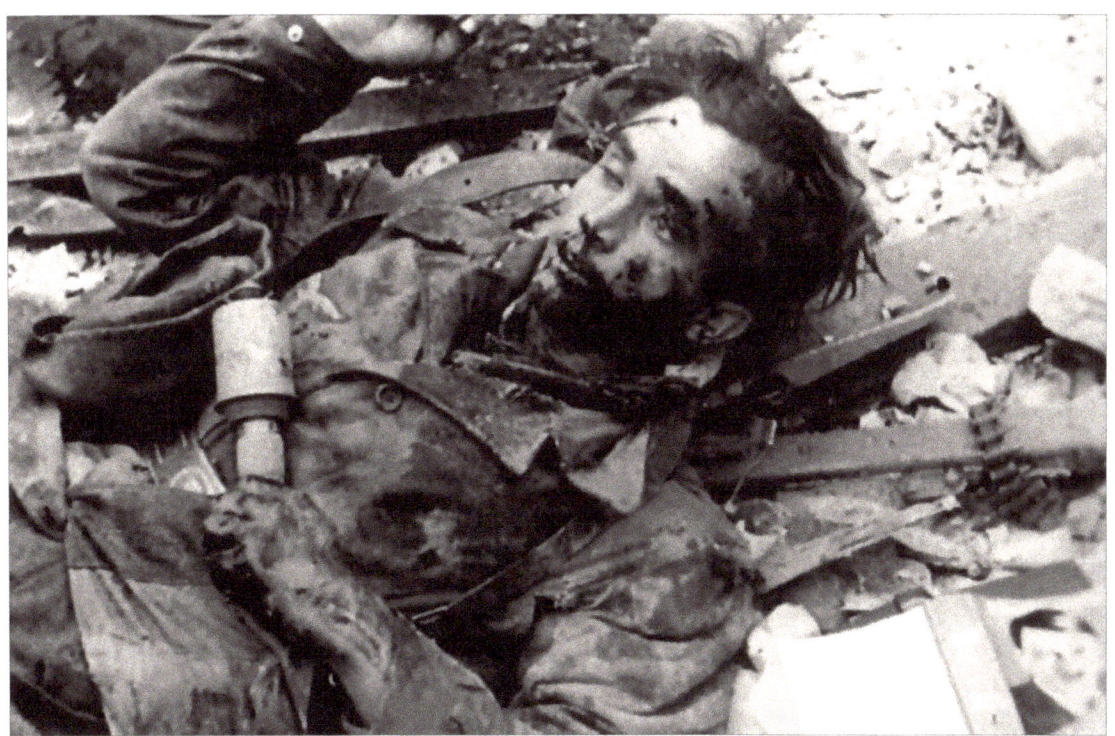

▲ Le lunghe colonne di prigionieri tedeschi sfilano mestamente per la capitale del Terzo Reich...
The long columns of German prisoners Sadly come out for the capital of the Third Reich ...

BIBLIOGRAFIA

- Werner Haupt, *La caduta di Berlino. Aprile 1945 - L'ultima battaglia di Hitler*, Milano, Sugar, 1965, pp. 209.
- Erich Kuby, *I Russi a Berlino. La fine del Terzo Reich*, Collana Saggi, Torino, Einaudi, 1966, pp. 392.
- Cornelius Ryan, *L'ultima battaglia (The Last Battle, Collins, 1966)*, Milano, Garzanti, 1966.
- M. L. Gennaro, *La battaglia di Berlino*, Milano, De Vecchi Editore, 1974.
- Anthony Read e David Fisher, *La caduta di Berlino. L'ultimo atto del Terzo Reich*, Mondadori, 1995.
- Antony Beevor, *Berlino 1945*. Collana Storica, Milano, Rizzoli, 2002.
- Joachim Fest, *La disfatta. Gli ultimi giorni di Hitler e la fine del Terzo Reich*Garzanti, 2003.
- *A Woman in Berlin: Six Weeks in the Conquered City* Translated by Anthes Bell Il testo, nella traduzione italiana, è stato pubblicato da Einaudi con il titolo *Una donna a Berlino. Diario aprile-giugno 1945*.
- Marco Serena, *Fortezza Berlino. La caduta della capitale del Terzo Reich*, Bacchilega Editore, 2008.
- Adolf Hitler, *La Battaglia di Berlino. Ultime conferenze militari*, Edizioni di Ar, Padova, 1971-2008.
- Adriano Romualdi, *Le ultime ore dell'Europa*, Ciarrapico, 1976; nuova ed. Settimo Sigillo, 2004.
- James Lucas, *La caduta della Germania nazista. Maggio 1945: gli ultimi giorni del Terzo Reich*, Hobby & Work,
- Botting, D., Grafton, *Nelle rovine del Reich* , Londra, 1986.
- Clark, A. Barbarossa *Il conflitto russo-tedesco 1941 - 1945* , , Hutchinson & Co., Londra, 1965
- Croce, R., Michael *Fallen Eagle* , O'Mara Books, Londra, 1995.
- Erickson, J., *La strada per Berlino* , Weidenfeld & Nicolson, Londra, 1983
- Joachimsthaler, *Gli ultimi giorni di Hitler* , A., Cassell Military, Londra, 2000.
- Keegan, J. *Atlante della seconda guerra mondiale* , (Ed), Times Books / Guild Publishing, Londra, 1989.
- Le Tissier, *Gara per il Reichstag* , T., Frank Cass, Londra, 1999.
- Lucas, J., *Ultimi giorni del Reich* , Grafton, Londra, 1987.
- O'Donnell, J., *Il Bunker di Berlino* , Arrow, Londra, 1979.
- A & Fisher, D., *La caduta di Berlino* - Hutchinson / BCA, Londra, 1992.
- Seaton, A., *La guerra russo-tedesca 1941 - 45* , Arthur Baker Ltd, Londra, 1971.
- Slowe, P & Woods *Battlefield Berlin: Assedio, resa e occupazione 1945* , , R., Robert Hale, Londra, 1988.
- Schultz-Nauman, J *Gli ultimi trenta giorni: il diario della guerra dell'alto comandamento delle forze armate tedesche da aprile a maggio 1945* ,., Madison Books, Londra, 1991.
- Young, Brig P. *Atlante della seconda guerra mondiale* , (Ed), Weidenfeld & Nicolson, Londra, 1973.
- Ziemke, E., *Da Stalingrado a Berlino: La sconfitta tedesca in Oriente* , US Army Centro di Storia Militare, Washington DC, 1968.
- Helmut Altner *Berlino - Dance of Death* , , Casamatta, Havertown, PA, 2002.
- Macdonald, John *Grandi Battaglie della Seconda Guerra Mondiale* , , Guild Publishing (BCA), London, 1986.
- Bauer, tenente colonnello E. *La storia della Seconda Guerra Mondiale* , Orbis Publishing, London, 1979
- Bell, K. La sanguinosa battaglia per Berlino nella *seconda guerra mondiale*, marzo 1998, pp. 22 - 29.
- Figes , O. La sanguinosa caduta del Terzo Reich' in *The Times Domenica* , 14 Aprile, 2002, p. 33.
- Goodenough, S. *Mappe di guerra*, MacDonald & Co, London, 1982.
- Keegan, J. Berlin' in *Military History Quarterly* , inverno 1990, pp. 72 - 83.
- Le Tissier, *La battaglia di Berlino 1945* , T. Jonathan Cape, Londra, 1988.
- Ryan, C. *L'ultima battaglia*, Touchstone, New York, 1995.
- Strawson, J *La battaglia per Berlino*,. Batsford Press, London, 1974.
- Ziemke, E. *la battaglia per Berlino: Fine del Terzo Reich*, MacDonald & Co, London, 1969
- Zvenzlovsky, Col A. The Berlin operazione' in *Soviet Military Review*, aprile 1980, pp. 17 - 19.

▲ Il Reichstag a Berlino, primi mesi del 1946. Dopo la tempesta, i suoi giardini diventano orto municipale...
The Reichstag in Berlin, early in 1946. After the storm, its gardens become a municipal horticulture field ...

TITOLI PUBBLICATI - ALREADY PUBLISHING

WWW.SOLDIERSHOP.COM   WWW.BOOKMOON.COM

www.ingramcontent.com/pod-product-compliance
Lightning Source LLC
LaVergne TN
LVHW070527070526
838199LV00073B/6720